The Power of Map

부와 권력의 비밀
지도력

地圖力

掌握權力和財富的祕密

金伊財 김이재 著

賴姵瑜 譯

目錄

目錄

Part 2

財富的地圖
他們搶占了錢流的路口

Part 3 未來的地圖
以多層地圖來展現的地球

前言

開展地圖者引領未來一百年

二〇二〇年初，肉眼看不見的病毒出現，徹底改變了世界。原本充滿活力的首爾市中心，街道變得冷冷清清。聚餐與集會化為不可能，結婚、葬禮文化也產生變化。生意不好或停業的商店愈來愈多。周圍隨時都收到出現確診病例的簡訊，口罩成了必需品。世界經濟癱瘓，人們的移動受到限制。海外旅行遙遙無期，航空、旅遊業界慘不忍睹。經濟成長率預測本身毫無意義，經濟學家們只好閉口不談。反之，趨勢預測專家、未來學家、醫療人員和防疫專家的呼聲越來越高。一直警告氣候危機和地球環境破壞危險性的環境論者主張得到支持。雖然許多人預測數位轉換會加速，世界政治、經濟秩序也會發生變化，但是沒能具體提出未來的模樣，所有人都感到惶惶不安。

身為地理學家，我在過去三十年裡曾赴全世界一百多個國家進行實地考察，自己有訣竅在短時間內掌握該國的現狀和未來前景。到外國機場後，我會先買幾份報紙來讀。因為只要瀏覽報導照片和廣告版面，就能掌握該國的特點和爭論點。入城後，在宿所放下行李，我會先從書店找起。仔細觀察這個城市有多少書店、位在哪裡，就能知道當地居民的知識水平。另外，如果去書店查看暢銷書目錄，就會感覺到該國人民關心的事情與精神世界。之後，查看該國的地理教科書與教育現場，分析國民主要查看的地圖。這樣就能描繪那個國家的未來，隨著各種經驗的累積，預測的準確性也逐漸升高。

地理有左右個人與國家命運的力量

從地理學者的觀點來看，回顧歷史可以發現「地理左右國家和社會興亡」的豐富事例。拿破崙在青年時期是善於解讀地圖的軍人，美國建國者大多為土地測量師出身。在伊頓學院、國王公學、哈羅公學等英國傳統名門私校，地理是必修課，威廉王子在大學主修正是地理學。

但是，受統治的階級，如奴隸，不僅無法學習地圖，也無法正確學習解讀地圖的方法。反之，地理想像力豐富的領導人，在地圖中找到了生存和繁榮的道路。所以，培養地圖力與對現實洞察力的地理學，正是「統治者的學問」。

實際上，改變世界歷史潮流的戰爭與革新，背後的故事都有地理。甚至不禁讓人想到，俗話說：「天無絕人之路」，那條路就是「解讀地圖的能力」。即使是國土狹小、強敵環伺、處境不利的國家，只要製作正確地圖，同心齊力好好運用，就能把危機轉化為機會。地圖和地理成為力量的例子並不侷限於國家。一張正確的地圖，可以改變企業命運，有時還上演逆轉人生的劇情。

選擇適合自己的地圖，在地圖上標明自己夢想和想要的東西後，果敢移動，就能改變命運的方向，展開新世界。

開拓者和領袖的必備品，地圖

「哪個國家的地理教育最好？世界上未來前景最光明的地方在哪裡？」十多年前，應中國北京師範大學邀請到國際研討會上作專題演講時，我看到他們的地理課本，甚感驚訝。小學學習故鄉地理，中學每學年學習地理學的基本原理和概念，高中僅地理選擇科目就達八、九個，不僅有自然災害應對、環境地理、旅行地理，還有海洋地理，甚至宇宙地理。到二〇二一年，中國已成為與美國一決高下的急遽成長國家。

採取均衡政策而成為許多國家榜樣的北歐國家，地理教育也很強。芬蘭的孩子們在大自然中一起玩耍，學習地理，培養體力和挑戰精神。小學生透過「在學校附近的湖裡游泳」、「畫村子地圖」等多種戶外活動，提高創意性和生存能力。實際上，在我們大腦中負責綜合思考力的海馬迴，在野外移動和尋找道路的過程中非常活躍。

共同持有「品德和能力兼備的卓越人才在自然中成長」此信念的人，男女老少都會拿著地圖去旅行和探險。特別是在地理學發源地英國，地理學就像空氣一樣。地理學家活躍在政治、經濟、社會、文化、藝術、福利等多個領域，幾乎所有英國大學，地理學擁有作為主導統合的基礎學問的鞏固地位。地理學跨越二十一世紀飲食、時尚、體育、現代美術、電腦遊戲等多個領域，正在進化成有趣學問，也是各領域領導者必不可少的「領袖的學問」。

當然，現在生活舒適幸福的人們可能覺得沒有必要看地圖。但是地圖會讓人看到從未見過的「某個東西」。地圖也是為確保未來飲食無虞而不斷前進的「開拓者」的必需品。今後登場的「在絕望中也沒有放棄，重新站起來的領導人、軍人、政治家、企業家、投資者、創業者」都是相信地圖和地理的力量，起而行後抓住逆轉機會的主人公。

大韓帝國末年，有一個青年知道自己的生辰八字是乞丐命，連面相都屬最差而受挫。但他在監獄裡學習世界地理，展開地圖，命運發生了變化。他先在國內各地旅行，集結同志後，在上海建立了臨時政府，成為民族的領袖。隨著抗日鬥爭環境越來越惡劣，金九先生在中國國內不斷遷移臨時政府首都，維持獨立運動命脈，發揮地理想像力，不僅開拓自己的命運，也為後代開闢生存之路。

現場極為實用的學問，地理學

我認為地理學與其他學問的不同之處之一，就是「現場性」。我覺得如果只待在大學的研究室閉門自守，不能稱得上是真正的專家，只有到活生生的研究現場，才能見到真正的世界，才能產生新的靈感。我認為名偵探福爾摩斯這句「現場有答案」的名言，可適用於在所有領域企圖擁有洞察且尋求對策的人。惟有開啟五感，體驗現場，與當地人見面，才能確切掌握現實。

實際上，牛津、劍橋、杜倫等地理學傳統較強的英國名校或繼承地理學家亞歷山大．馮．洪堡（Alexander von Humboldt）遺產的德國大學地理學教授，很早就重視現址調查的重要性，親赴現場進行研究和教育。另一方面，地理學也是不受理論框架束縛，自由選定研究地區或對象的「實用」學問。在憑藉地理的力量稱霸世界的英國，地理系在大學教授的專業中的就業率，僅次於醫學院，十分熱門。

在西歐的著名大學，前往第三世界偏遠地區開拓新研究領域的學者、科學家，往往比空泛理論家更獲學界好評，成為社會肯定與尊敬的對象。廣為人知的世界級學者中，也有許多人離開大學研究室，探險陌生世界，進行具有挑戰性的研究。例如，《槍炮、病菌與鋼鐵》（*Guns, Germs, and Steel*）作者賈德・戴蒙（**Jared Diamond**）目前任教於加州大學洛杉磯分校（UCLA）地理系。《樹，記得自己的童年》（*Lab Girl*）作者荷普・潔倫（**Anne Hope Jahren**）也有在野生大自然進行現場調查的豐富經驗。

要在鉅變世界生存，不管怎樣，像遊牧民族一樣的生活都是有利的。惟有從小歷練多元空間、文化經驗，培養地理想像力，才能將危機化為轉機。人們工作的舞台是真實世界，不是紙上談兵，蘊涵現場豐富資訊的地圖，可以成為強有力的武器。當然，毫無任何想法，光看地圖並不會自動產生地圖力。就像書對「文盲」沒有任何意義一樣，對於「地圖盲」、「地理文盲」來說，地圖是無用之物。不管盯著看地圖多久，都只不過是一張充滿密碼的紙。惟有熟悉地圖上的地名、符號，理解地圖的語法，即地理用語和概念，才能正確解讀地圖。此外，即使是同一張地圖，根據解讀地圖者的知識、經驗、觀點，也會產生完全不同的解釋。

最近出現了「握有地圖者，握有二十一世紀」的主張。第四次產業革命來臨，決定其霸權的關鍵正是地理資料，只要稍微修改一下超精密的地理資訊系統（GIS）數據，就能打造引領第四次產業革命的強大平台。01

何謂連結現場與地圖的地理想像力？

那麼，現場的經驗、資訊、知識，如何能夠與地圖相連結呢？要培養地圖力，必須專注訓練「地理想像力」，這是能從空間上分析世界一切事物，平時也會創意解釋周邊風景的能力。地理想像力是以具體現實經驗為基礎擴大思考，這一點與虛構幻想文學的想像力不同。此外，地理想像力有助於自然環境和人文要素的綜合思考，讓人認識到世上所有問題都相互連結。

例如，十九世紀歐洲的自行車發明與印亞的火山爆發有關。

一八一五年，印尼大規模火山爆發，火山灰覆蓋大氣，整個地球的環境發生巨大變化。隨著平均氣溫下降，歐洲糧食產量驟減，飽受飢餓折磨的歐洲人開始食用當時重要的運輸工具——馬。由於馬匹不足，運輸問題愈趨惡化，為了解決此一問題，德國的卡爾．馮．德雷斯（Karl von Drais）設計自行車。取代馬匹的自行車，在歐洲全境大受歡迎，更促進了社會變化。特別是隨著女性騎自行車，移動自由擴大，女性開始積極要求教育權、投票權等更多的權利。

另外，地理想像力在連結個人的私地理與公地理，或做出空間決策時，實為非常有用的工具。運用地理想像力，在各種尺度將特定主題地圖化，就能一眼看出自己與地區、國家、世界是如何連結的。不僅如此，即便是相同的問題，「發揮地理想像力的方式」不同，對於現實的解釋也截然不同。例如，一般人看孟加拉往往囿於「飽受洪水和自然災害折磨的非發展國家」、「人口過密國家」等成見，如果不是只以否定的態度看待孟加拉，而是視之為「進行有關全球暖化和海平面上升最新研究的良好現場」、「未來成長潛力大的年輕國家」，就可能在孟加拉找到新機會。

能夠改變世界歷史、掌握世界經濟的領袖們是如何利用地理的力量和培養地圖力呢？傳授改變我人生密碼的地理想像力課，現在就要開始了。

Part 1

權力的地圖

地理人的勝利

在氣候急遽變化的時期，積極移動適應新環境的智人成功生存，停留在熟悉地方的尼安德特人滅絕。根據考古學者的研究，尼安德特人的大腦容量比智人更大，肌肉發達，體力上更優越，而地理是弱者戰勝強者的武器。在現生人類中，只有地理感佳、擅長空間決策的物種生存下來，我們全都是「地理人」（Homo Geographicus）的後裔。

01 左右生存的「地圖力」

吾子吾孫穿錦衣、居磚屋之日，
吾之帝國即將滅亡。

——成吉思汗

歷史，尤其是韓國近現代史，在韓國社會是燙手山芋。特別是政治圈反應非常敏感，關注度也很高。原因在於，政權交替之後，首先要修改的就是孩子們的歷史教科書。在大學入學考試和就業市場上，韓國史考試受到重視，也有人擔心世界史教育不健全。[02]在全球化時代，如果不好好教授世界史，就等於放棄了國民教育。然而在韓國，地理文盲氾濫、地理教育不健全的現實，似乎沒有人擔心。其實，若要正確學習世界史，首先要學習世界地理，若要理解複雜的國際形勢，必須掌握有關世界的基礎知識。

地理想像力豐富的領導人在危機中尋找機會，但地理文盲領導的國家和民族卻註定迷失方向，走向沒落。實際上，回顧世界史，領導人的地圖力左右國家命運的事例俯拾可見。[03]

繪製地圖而發展的文明，掌握地圖的統治者

英國歷史學家阿諾德・約瑟・湯恩比（Arnold Joseph Toynbee）認為：「人類的歷史乃依循挑戰與回應的輪軌推進。」[04]他主張，文明發生在殘酷的環境，勝於自然條件佳或舒適的環境。實際上，回顧世界史，許多時候龐大的帝國始於邊陲，或者顛沛流離的遊牧民改變了世界史。你記得學過的世界四大文明嗎？由於世界史向來以西方為中心，所以比起亞洲的黃河、印度河流域文明，人們更熟悉西方的埃及、美索不達米亞文明。教科書上寫著：「文明在沿著大河、農業和城市發達的地區開花結果」。古代文明也是在氣候變乾燥之際，人類往河流周圍聚集而開始，以埃及文明和美索不達米亞文明為例，就能從地理的角度來簡單觀察各地區的特點。

尼羅河長約六千七百公里，是世界上最長的河流之一。埃及文明獲得尼羅河的祝福。尼羅河以一年為週期，水位在一定時期升降，所以易於管理，所有事情都可以預測。

尼羅河猶如狹長的沙漠綠洲。每年河水自動氾濫，即使不施肥，耕地也很肥沃，河裡漁產亦豐富充足。擁有海洋和沙漠形成抵禦外侮的天然屏障，絕佳的地理位置讓埃及王朝以尼羅河為舞台延續了數千年。

與尼羅河不同，底格里斯河和幼發拉底河的水道經常變動，管理困難。人們生活在周圍沒有高山的平原上，不知何時何處會有異族侵略。由於總是處於緊張狀態，必須築起城堡，製造武器，應對戰爭。加上降雨量不穩定，環境非常乾燥，可說是四大文明中生存最困難的環境。然而，在生活環境最惡劣的美索不達米亞地區，文明開花結果，各個領域的革新也很快速。甚至有《歷史始於蘇美》（*History Begins at Sumer*）一書，介紹起源於美索不達米亞地區的蘇美文明保有「三十九個史上第一的紀錄」，在法律、文學、藝術、學校、醫術、園藝學、稅金制度等幾乎所有領域都發展出高度精緻的文明。

尤其，在美索不達米亞文明中，地圖十分重要，運用比例尺的精巧黏土板地圖，是領導人築城統治百姓的的必需品。國王以保護住在城內的人免受外敵侵害為由徵收稅金，若想標明自己的統治領域，消除日後紛爭的可能性，就需要正確的地圖。另外，巴比倫黏土板地圖會區劃城內外，標示農地，發揮一種土地文書的作用，按照現行說法，就相當於登記權利證。經過正確測量製作的地圖，還被作為統治者徵稅的依據。此外，為了觀察周邊勢力的動向和防備戰爭，美索不達米亞地區的統治者必須繪製包含鄰近地區最新資訊的準確地圖。這是巴比倫帝國製作世界上現存最古老世界地圖的背景。

反之，埃及文明的地理想像力受限於尼羅河。實際上，埃及人安居富饒的尼羅河附近，缺乏想像河流對岸世界、進軍新地區或擴張領土的意志。對於在尼羅河畔生活富裕安逸的埃及領導者人說，與其發揮開拓者精神製作新地圖，不如將建造神殿或墳墓列為優先事項。為了測量每年週期性氾濫的尼羅河周邊土地，劃分農田的地圖就已足夠，實

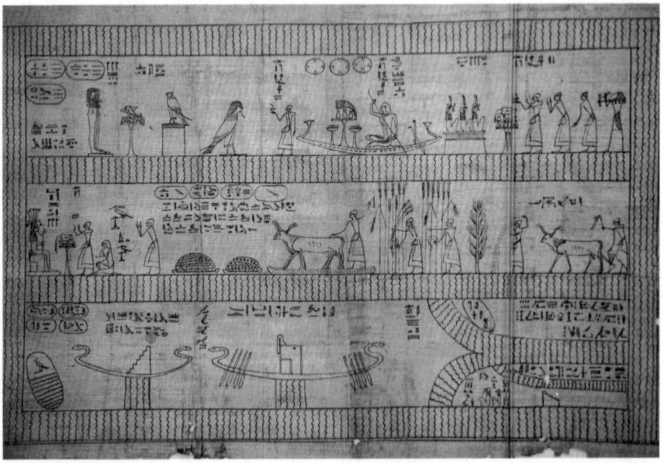

獲得尼羅河祝福的埃及人，對於描繪死後旅程的想像地圖非常狂熱。

無理由關注外部世界、收集最新情報或製作精確的世界地圖。想在來世也能享受現世安樂的埃及領導人，熱衷於逃避現實的宗教生活，執著於講述死後世界旅程的想像地圖。其結果為，尼羅河文明在創造性、學問和技術革新方面落後美索不達米亞文明。可以說，貧瘠的環境促進了文明的發展，所以「欠缺反而成為優勢」。

在骨多肉不足之地開花的文明

精通地理學的法國歷史學家費爾南．布勞岱爾（Fernand Braudel）描述地中海沿岸的自然環境，特別稱希臘為「骨多肉不足之地」（Pas assez de viande et trop d'os）05。實際上，希臘耕地不足，貧瘠的山脈和島嶼連綿。降雨量不穩定，尤其在植物成長期的夏季天氣乾燥，不利農業。由於能夠忍受乾燥夏日的作物只有葡萄或橄欖，所以製作希臘人主食麵包的小麥總是不足。希臘人為了從外地進口不足的糧食，積極開發具有競爭力的出口商品。除了橄欖和葡萄的栽種，盛裝出口貨物的陶瓷器產業也一併迎來全盛期。

希臘人的貿易和航海技術能力不亞於腓尼基人，他們充滿開拓者精神，經常想像新世界，收集地區情報，培養地理能力。實際上，希臘人數百年來口耳相傳而發展出的世界最早史詩《伊利亞德》（*Iliad*）和《奧德賽》（*Odyssey*），裡頭蘊含各式各樣的地理資訊。該書不僅是展示神與英雄們旅程的文學作品，也是包含當時希臘人旅行世界之資訊的地理教養書。他們在西元前不僅進出地中海，而且已經進出北海，甚至曾有經由英國到達冰島附近的記錄，探險家思維強而有力。一方面，城市（polis）是希臘文明的搖籃，不願安居於狹隘城市生活的希臘人則乘船出海，主導遠距貿易，發展造船業和海運業。

古羅馬帝國知識分子馬庫斯．圖利烏斯．西塞羅（Marcus Tullius Cicero）譽為歷史學之父的希羅多德（Herodotos），西元前四八四年出生於位在小亞細亞的哈利卡納索斯（Halikarnassos）。三十歲左右，他不僅考察了希臘世界，還走遍埃及、美索不達米亞、腓尼基、斯基泰（現在烏克蘭地區），然後開始執筆《歷史》（*Historia*）。當時，「歷史」（historia）的意思是「探究」或「調查」。希羅多德開拓了在現場調查（探究）實際發生的事件後加以記述的新領域，實際上，從他調查的內容和研究方法來看，更適合歸類為地理書，而非歷史書。例如，他以波斯戰爭為主題，對廣闊地區進行實地勘察，將收集到的各種資訊、自然環境和人文環境、人們的故事和自身感想記錄下來，這樣的記錄強烈體現出「勘察筆記」的性質。

02 英雄的地圖——亞歷山大大帝

遇到困難時，我看世界地圖，我讀《孫子兵法》。

——孫正義，軟銀集團會長

希臘的大學者亞里士多德是亞歷山大大帝的老師，被譽為「學問之父」。他是對各種領域懷抱好奇心，進行科學研究的「博學家」（polymath），也是跨人文與自然科學的整合型知識份子。亞里士多德厭惡一口冠冕堂皇的詭辯家（sophist），他超越抽象的哲學世界，對探索現實世界傾注熱情，成為重視現場的學者。受馬其頓王室醫生父親的影響，他擁有豐富的醫學知識，在山林、平原、江河、海洋等地觀察動植物生態，特別沉迷於蝴蝶和候鳥研究，綽號是「追逐蝴蝶的人」。他總是追著移動中的蝴蝶和候鳥跑，離開熟悉的地方，實地考察各種地區，積累科學探索和調查經驗，亞里士多德的地理想像力是否因此變得更加鋒利？

亞歷山大大帝向亞里士多德學習

亞歷山大大帝出生於位在希臘邊陲的馬其頓，據說他充滿好奇心，連有訪客來自波斯，也會向訪客詢問當地的道路和地理環境。從十多歲以後，他受教於同樣是馬其頓出身的學者亞里士多德。亞歷山大大帝不到二十歲就登上王位，直到三十三歲去世為止，他在十三年間不斷東征西伐，興兵鏖戰，創造了驚人的功績。據推測，背後可能有青少年時期恩師兼心靈導師亞里士多德的建議與教誨。實際上，亞里士多德從東方遠征初期開始，就派遣自己的侄子為亞歷山大大帝的親信，親自給予建議，對亞歷山大大帝行使絕對的影響力。

對於亞歷山大大帝來說，自己的老師是亞里士多德，而非執著於抽象理論和理想世界的柏拉圖，算是幸運的吧？當時柏拉圖沉醉於在雅典西部的西西里島建立政治理想國的夢想，亞里士多德則朝往東方的亞細亞（譯註1），全心投入科學探索。亞里士多德持續移動，收集有關東方的新知，探索各式各樣的現場，為亞歷山大大帝遠征東方提供了實質的資訊與知識協助。在老師亞里士多德熱衷於現場調查之際，少年亞歷山大接受他的特別指導，為醫學、生物學、動物學、地緣政治學、海外地區研究打下堅實基礎。特別是亞里士多德在上課時一起學習的朋友們，也參加了亞歷山大大帝的東方遠征，對他來說，那是很大的力量。

一般神話學家認為，亞歷山大大帝通過閱讀神話成為偉大的領導者，人文學家則注意到他祭拜神祇等宗教溝通做得很好。還有他也是強調以身作則，勇於戰鬥，擁有領導能力的人。但這些層面都無法充分說明他進軍遙遠印度的理由。也許，他並非對權力瘋狂的戰爭狂，而是以地理學者的心態來遠征。發現新區域，了解當地的特點，通過實地調查獲得正確的新知識，並享受地圖化的過程。

他在開戰前派遣間諜深入敵軍陣營，盡全力蒐集準確的最新情報。他總是展開地圖，找出開戰地點和確保糧食與武器的最適路徑。為了發動突襲作戰，他將山羊心臟像氣球一樣吹氣過江，瞬時間內搭橋進軍等，採取卓越不凡的空間戰略。他攻佔當時的地

譯註1：亞細亞（Asia）是羅馬共和國晚期併入的行省，今日「亞細亞洲」的名稱即是從該省的名稱而來。

中海貿易中心地泰爾（Tyre）島，尤其展現了大膽的地理想像力。其實他沒有海軍，只有騎兵和步兵。為了攻佔關隘環繞的固若金湯島嶼暨地中海貿易中心泰爾島，亞歷山大大帝切中肯綮，展開了將島嶼與陸地相連接的大膽空間戰略。

亞歷山大大帝的整體遠征路線，更反映了他縝密的空間戰略。也就是說，他懂得在適當的時候停下來，在適當的時候進攻，讓士兵們充分飽餐休息。包括在埃及建造的新城市亞歷山大（Alexandria）在內，他的遠征路線沿路出現的「亞歷山大」新城達七十個。他佔領乾淨的飲用水源和肥沃農田的戰略要地後，將土地分給受傷或退休軍人。對於希臘人來說，廣闊的平原和肥沃的農田，被認為是極具魅力的定居地，對於退休後想在征服的新城市安居樂業的軍人來說，這是很大的實惠。

他收集有關當地的準確最新情報，掌握地區特性，採取必勝戰略，在行軍過程中，他與亞里士多德持續聯繫，取得協助。據說如果亞歷山大大帝看到新的動植物，會做成標本寄給老師亞里士多德，初期做出重要決策時，他也會向亞里士多德徵求有用的建議。另外，植物學家、地理學家、醫生、歷史學家等也一起遠征，用草藥和醫術積極治療受傷士兵。即使獲有足以一輩子奢侈安逸度日的權力和物質，亞歷山大大帝依舊辛苦麾軍，但部屬有了反抗。對印度炎熱氣候和陌生環境感到負擔的亞歷山大大帝，終於結束長達一萬六千公里的十年遠征。

在獲有地圖、內含精確現場情報之處，亞歷山大大帝是天下無敵的。但在無地圖、難以準確了解當地環境資訊的印度附近，他陷入了苦戰。自己的愛駒布西發拉斯（Bucephalus）在目前相當於巴基斯坦的山地死後，他極度傷心，只能在確認了印度再過去還有陸地、而非海洋的情報

亞歷山大大帝運用空間戰略，佔領了當時的地中海貿易中心泰爾島。

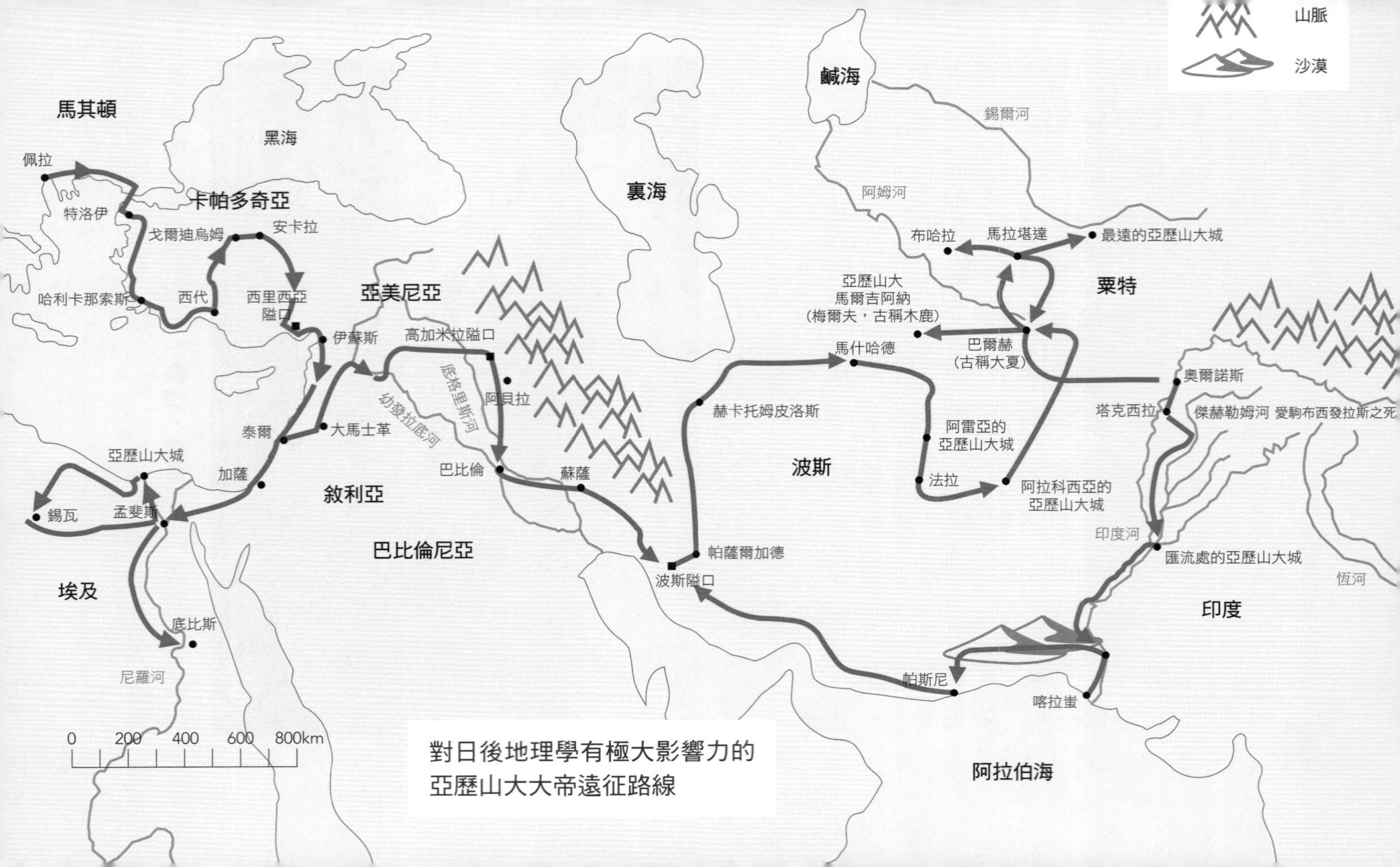

對日後地理學有極大影響力的
亞歷山大大帝遠征路線

後就打住。

返回途中，他刻意選擇的路線是穿越連偉大的居魯士大帝都無法征服的格德羅西亞（Gedrosia）沙漠。在死亡沙漠中，亞歷山大大帝和部下們因酷暑和口渴而疲憊不堪。備用飲水都用光了，他瀕臨脫水死亡的危機，屬下將艱難收集到頭盔的水奉上。但亞歷山大大帝卻把能夠延長己命的寶貴飲水扔到地上，宣佈「我與你們同舟一命」，展現非凡的領導力。亞歷山大大帝堅定要與部下同甘共苦的意志和高貴情操，令部屬們感動不已。

最終亞歷山大成功橫渡沙漠，填補了地圖的空隙。數百年後，亞歷山大圖書館館長托勒密（Ptolemaios）參考他的遠征結果，彙集綜整地理學，繪製出當時最準確的世界地圖。這是將亞歷山大大帝征服的土地和曾是羅馬貿易伙伴的亞細亞都畫出來的地圖。如今依然同名的埃及亞歷山大，在地圖製作的當時，亦是世界上最繁忙的貿易港和經濟中心。尤其，外國船舶要想停泊在亞歷山大，必須先提交所有書籍，所以亞歷山大就像彙整了世界上所有資訊的人類巨大圖書館。

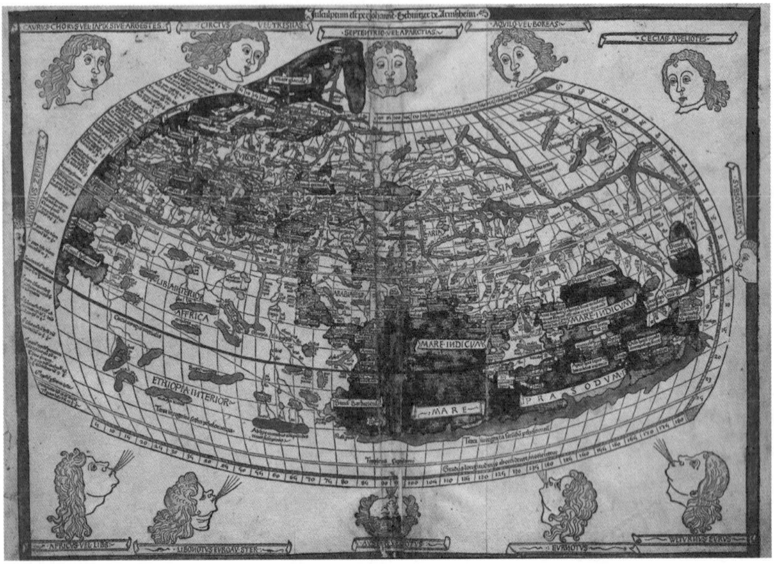

從亞歷山大大帝擴張的世界和羅馬帝國統治下的領土，收集到的地理資訊集大成為托勒密的世界地圖。

孕育托勒密世界地圖的帝國基礎建設

開放、靈活的羅馬帝國幾乎原封不動接收使用希臘和腓尼基擴張設置的基礎建設，佔據了地中海的霸權。尤其，從「條條大路通羅馬」這句話可以看出，古代羅馬的道路是西方土木技術的最大型傑作。三百七十五條主幹道，總長八萬公里的大道，成為連接羅馬與世界的大動脈，傳播羅馬帝國的發達文明和生活方式。羅馬帝國全境不僅築路，還建造包括上下水道、公共澡堂、圓形競技場等在內的社會間接資本，編入羅馬帝國，意味著連接全球物流網絡，成為巨大經濟圈的一員。

引進亞歷山大大帝空間戰略的羅馬軍，在到達佔領地或目的地後，首先從營地開始建設，按照指南設置帳篷，清掃衛生，準備就餐。羅馬軍的營地建設手冊，效率高又精巧，後來用來作為西歐城市設計的基礎。另外，羅馬人在軍隊中服役，也習得解懂地形的能力和建築技術。羅馬軍隊擅長建設作戰所需的橋梁、道路等基礎設施，甚至有人評價：「羅馬軍隊用十字鎬打仗，以兵站後勤取勝」。接觸各種土木工程學知識，累積了豐富實習經驗的羅馬軍，從軍隊退役後就可以立即投身為工程師。

此外，比起在學校學習的高尚理論，羅馬人更重視現實的體驗。羅馬名門望族的年輕人，二十多歲就在軍隊擔任指揮官，從基層行政職務開始，階段性地履行公職，領導能力得到驗證。由於他們認為，若是脫離現實的理想型煽動家成為領導人，對共同體將造成巨大危害，所以安排的是強化現場能力的人才養成路線。從亞歷山大大帝擴張的世界和羅馬帝國統治下的領土，收集到的地理資訊集大成使托勒密做出世界地圖。

然而，隨著官僚體制變得龐大，失去開拓者精神的羅馬帝國開始衰退。愈來愈多羅馬人熱衷於消費中國和印度奢侈品，勝於探險新世界，托勒密的世界地圖也逐漸被人們遺忘。此後一千多年，歐洲的地理學和世界地圖製作一直處於停滯狀態，西方能夠識別的世界也停留在亞歷山大大帝的所抵之處。

《孫子兵法》中蘊含的地圖力

那麼，當時的亞洲如何呢？在古代中國，地圖是用於祭天的神聖物品。君王將自己統轄區域的正確地圖獻給天神，得到權威和正當性的認可。中國的《周禮》有言：「職方氏，掌天下之圖，以掌天下之地。」「職方氏」意指負責地方行政和外交業務的官職。

諸葛亮曾指出：「夫地勢者，兵之助也，不知戰地而求勝者，未之有也。」（譯註2）《三國演義》中，在諸葛亮接受劉備三顧茅廬，決心為他做事的場景中出現了地圖。諸葛亮向劉備展示西川五十四州的地圖，說明藉由「三分天下」可以培養國力，統一天下，由此可以推測，戰略家諸葛亮平時十分熟悉地圖，而且重視空間思考。

或許是因為《孟子》中「天時不如地利，地利不如人和」這句話（譯註3），我們一直把焦點放在人際關係上，忽視了地理的力量。但其實，天時、地利、人和都可以解釋為地理的構成要素。天時是氣候與天氣，地利是地形之類的「自然地理」（physical geography）要素，而人和則屬於「人文地理」（human geography）要素。

《孫臏兵法》提及：「所謂善戰者，便勢利地者也。」實際上，只有採取適合戰場地形和情況的精準戰術，才能在戰爭中不失去主導權，在進攻性位置、能動性位置上戰鬥。《孫子兵法》中斷言：「夫地形者，兵之助也。料敵制勝，計險隘遠近，上將之道也。知此而用戰者必勝，不知此而用戰者必敗。」最終將領必須具備的領導力不就是地圖力，亦即解讀地圖的能力？

此前韓國在選總統時，往往會徹底檢驗候選人的履歷和歷史觀，但卻並未正確評價候選人的地圖力。想要解開傳染病猖獗、氣候危機等複雜又困難的高次方程式，解讀世界地圖的能力不是基本嗎？希望未來在任何領域選拔領導者時，都能仔細檢查候選人的空間經驗和地圖力，甚至地理想像力。

譯註2：原文中諸葛亮的這段話和第35頁引用的《孫子兵法》內容錯置已更正。

譯註3：原文引自《孫子兵法》，實出自《孟子》。

03

霸權的祕密在於地圖

戰鬥意志比士兵數目更有價值，
而地理優勢比戰鬥意志更容易導向勝利。

——馬基維利，義大利歷史學家暨政治理論家

地圖之中，蘊含一個時代的價值觀、哲學、宗教和文化。在中世紀，人們以非常單純的方式理解世界，高度關注的是死後的世界。中世紀的代表性地圖「TO 地圖」，係根據聖經繪製，以極簡方式來表現非洲、歐洲、亞洲三大洲。歐洲人的地理想像力已經縮小到讓人懷疑那裡是托勒密世界地圖誕生之地。雖然也有一些人由於宗教因素去朝聖或十字軍遠征，但大部分人害怕離開自己出生的村莊和城市。反之，伊斯蘭世界的地圖製作非常活躍。托勒密的地理學和世界地圖被翻譯成阿拉伯語，探險家和地理學家走遍世界。隨著旅行和貿易興盛，學問、藝術和科學也得到發展。繼伊斯蘭之後，成吉思汗

征服世界，建設帝國，連接歐亞大陸東西的交通與通訊網絡也隨之擴張。

另一方面，與東羅馬帝國首都君士坦丁堡相近的威尼斯是地圖製作的中心地。威尼斯匯集了各式各樣的資訊和物品，透過中介貿易積累財富。跟隨曾是威尼斯商人的父親到蒙古帝國旅行的馬可波羅（Marco Polo）留下了介紹元朝所見所聞的《東方見聞錄》，成為人類歷史上僅次於聖經之暢銷書的主人公。讀過《東方見聞錄》的歐洲人，包括哥倫布在內，都夢想著像馬可波羅一樣走向東方，一邊展開地圖，一邊開啟大航海時代。

中世紀的代表性地圖「TO 地圖」，係根據聖經繪製，以極簡方式來表現非洲、歐洲、亞洲三大洲。

大航海時代的主角，恩里克王子與伊莎貝爾女王

在歐洲也擁有富饒土地與糧食的中心國家是法國和義大利。伊比利亞半島的葡萄牙和西班牙被認為是歐洲的邊陲國家。在中世紀，伊斯蘭勢力將領土擴張到伊比利亞半島，當地基督教統治者為了趕走伊斯蘭勢力，展開數百年的「收復失地運動」（Reconquista）戰爭。

位於伊比利亞半島西端的葡萄牙克服不良環境，成為大航海時代的領頭羊。改變葡萄牙國運的領導者是恩里克（Henrique）王子。被譽為「非洲航線開拓者」的恩里克王子出生於葡萄牙港口城市波爾圖（Porto），是英國出身王妃的第三個兒子。身任騎士團長，為履行宗教使命而一生單身的他，將自己的人生傾注在開拓通往東方的新航線上。雖然他沒有親自航行在危險的海洋中，但他是深知地圖與地理勘探重要性且付諸實踐的領導者。

恩里克王子在大西洋沿岸鄰近里斯本的薩格雷斯（Sagres）建立地圖學校，召集了製圖者、地理學家、科學家、航海技術人員、船舶製造者等航海相關專家，還特別聘請

據說曾經製作「波特蘭海圖」（portolan chart）的當代地圖最高權威專家猶太人亞伯拉罕・克雷斯克斯（Abraham Cresques）出任薩格雷斯學校的校長。透過非洲西海岸探險，葡萄牙繪製出精巧的地圖，並且發展航海技術。瓦斯科・達伽馬（Vasco da Gama）發現了繞過非洲航向印度的航線，葡萄牙崛起成為世界的中心國家，而不再是歐洲的邊陲國家。開闢通往東方的航線，葡萄牙的國運疾速上升，一度走上繁盛之路。

比葡萄牙晚一點驅逐伊斯蘭勢力的西班牙，也開始投入探險和地圖製作。特別是伊莎貝爾（Isabel）女王在伊比利亞半島驅逐伊斯蘭勢力，整頓內部分裂，同時率先出馬。解讀地圖與判斷情勢能力出眾的女王，是遇到緊急情況就會通宵乘馬逮住機會的行動派。一四九二年，剛剛完成收復失地運動，伊莎貝爾女王就果斷全面支援哥倫布遠征。

義大利熱那亞（Genova）出身的哥倫布，在與葡萄牙名門望族之女結婚後，開始打探前往東方的機會。雖然他以里斯本為中心，積累了製圖者和航海師的經驗，但在葡萄牙很難找到贊助者。當時葡萄牙王室正在集中開拓從非洲通往東方的航線，沒有餘力支援計劃西航的哥倫布。再加上他提出的路線被認定為不符現實。哥倫布也透過弟弟與法國、英國王室接觸，但依然沒什麼收穫。

最後，哥倫布決定集中精力在西班牙尋找機會。他特意去找負責伊莎貝爾女王告解聖事之神職人員所在的修道院，經過六年多耗盡心力，終於抓住機會。雖然哥倫布沒能抵達原本的目標印度，但他發現了美洲新大陸，提供西班牙新的機會，也讓自己留名青史。

反觀當時統治葡萄牙的曼紐一世（Manuel I），卻將恩里克王子好不容易匯集的創意人才驅逐出境。他舉行宗教審判，鎮壓且屠殺擅於解讀地圖、通曉地理與商業的猶太人。隨著擁有當代最佳技術和經驗的航海專家、製圖者移居國外，葡萄牙的國運開始走下坡。包容創意人才和移民的開放社會，往往能夠維持活力而持續發展，但如果世界觀狹隘的領導者徒添法律規制，歧視少數，那麼社會就會走向沒落。

主導世界貿易的荷蘭地圖熱潮

一六〇〇年代，歐洲勇敢的探險家們乘船走向世界。繼葡萄牙和西班牙之後，英國與法國也開始海外遠征。十六世紀末，受西班牙殖民統治的荷蘭，開始追求獨立的抗爭。到了十七世紀初，荷蘭突然成為歐洲貿易中心，甚至往印度、東南亞、日本和澳洲挺進。處於土地比海平面更低、天氣持續陰沉的惡劣環境，荷蘭商人與居民齊心協力，製作和分享地圖，增強自身力量。相當於展開一種「大國民地圖運動」，他們在每家每戶牆上都貼上荷蘭地圖和世界地圖，培養地理想像力。

引領荷蘭全盛期的布勞（Blaeu）家族以製圖名家聞名。始祖威廉·布勞（W.Blaeu）向丹麥著名天體物理學家第谷·布拉赫（Tycho Brahe）學習地圖學基礎後，於一五九九年在阿姆斯特丹開始製圖事業。繼《荷蘭地圖》（1604）、《詳細世界地圖》（1605～1606）、《航海之光》（1606）等接二連三熱銷之後，布勞的地圖成為荷蘭家庭的必需品，也是經常出現在重要美術作品中的物件。

布勞擅長製作以海圖（關於海洋的各種情況都精準且一目了然呈現的航海用指南地圖）為主的地圖冊，其地圖被翻譯成各國語言出版，在全歐洲大受歡迎。尤其是威廉·布勞與兒子們一起發行的《世界舞台》（TheatrumOrbis），又名《新地圖冊》（Atlas Novus, 1635），被公認為當代最優秀的地圖冊，他也因此獲得被任命為東印度公司水路學者的殊榮。

荷蘭台夫特（Delft）出身的畫家約翰尼斯·維梅爾（Johannes Vermeer）以《戴珍珠耳環的少女》（Girl with a Pearl Earring）一畫聞名於世。維梅爾育有十名子女，家

對地理學很感興趣的荷蘭畫家約翰尼斯・維梅爾（Johannes Vermeer）筆下所畫的地理學家

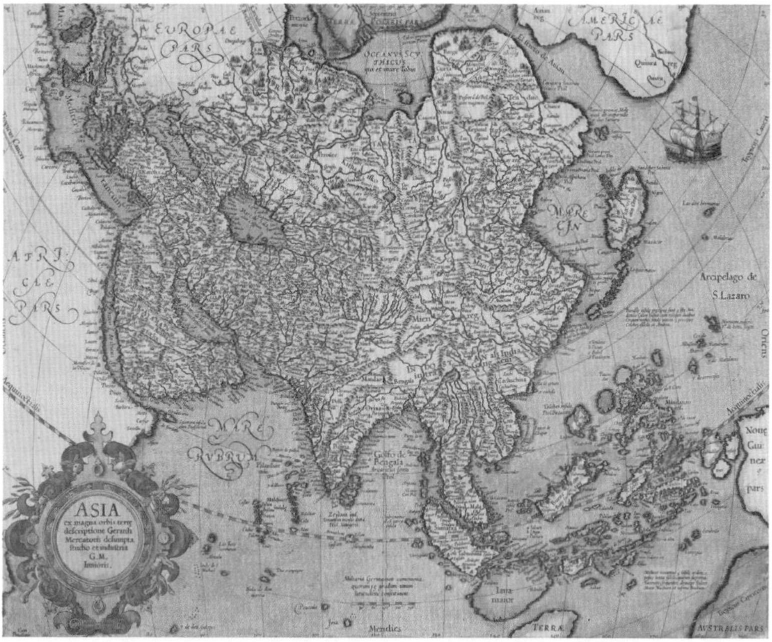

東南亞香料生產製圖是大型的詳細荷蘭古地圖

境並不富裕，雖然一輩子住在台夫特，但比起任何畫家，他更常將地圖入畫。維梅爾的畫作像照片一樣，準確描繪當時荷蘭家庭的室內裝飾和風俗，而布勞家族出版的地圖，成為畫中經常出現的物品。比較其作品中的《天文學家》、《地理學家》，可以看出維梅爾對地理學者的欽羨。他充分運用比黃金昂貴的青金石（Lapis-lazuli）為藍色顏料，讓地理學家更突顯魅力。

在荷蘭全盛時期流行的世界地圖上，將當時生產歐洲熱門商品香料的印尼島嶼描繪得又大又詳細。而在高緯度面積擴大的英國式世界地圖上，赤道附近的印尼顯得很小，加拿大和紐西蘭則畫得很大。荷蘭以比英國更早佔據巴達維亞（Batavia，現今的雅加達）港口，以此為中心殖民統治印尼地區，從中獲取實惠。透過荷蘭東印度公司，荷蘭先後將香料、咖啡豆出口到全世界，攢積巨大財富。荷蘭東印度公司總部所在地阿姆斯特丹，在十七世紀初躍升成為世界鑽石交易和金融業的中心。

全民如此齊心一致重視地圖，共同擁有精確標出可致富之地的最新地圖，荷蘭終成為富裕國家。甩開英國、法國等競爭對手，搶佔廣闊的印尼（韓國面積的十九倍，現今荷蘭、台灣面積約五十倍），奠定了數百年來穩定的財富基礎。雖然後來英國奪走世界貿易的主導權，但荷蘭依然往返於事先開拓的航線，致力貿易活動。二十一世紀的荷蘭，仍入選為商品、服務、資訊方面全球連結性指數高的國家、經濟領土廣闊的國家。以地理想像力崛起的強悍小國，荷蘭不正是證明地理的力量的代表性實例？

04 掌控世界的地圖強國——英國

我的野心不止於比前人走得更遠，
而是要盡人所能走到最遠。

——詹姆斯．庫克，英國探險家

在伊麗莎白一世（Elizabeth I）女王時代，英國打敗西班牙的無敵艦隊不是偶然，而是理所當然的結果。伊麗莎白一世女王是積極將地圖運用在統治上的領導者。她透過製作國內地圖來強化王權，甚至在自己的六十歲紀念肖像畫上以地球儀作為背景物，她非常了解地理的力量。當時，英國的艦隊雖然比西班牙少，但擁有勝過西班牙的優秀航海專業人才。英國在部署軍艦時，也徹底樹立了以地圖為基礎的作戰，將海上經驗豐富的百戰老將們提拔為指揮官，進行戰略性的部署。

反之，西班牙國王任命完全沒有海戰經驗、嗜愛內陸狩獵的帕爾馬公爵（Duke of

Parma）為總司令。帕爾馬公爵是卓越的行政家和組織管理能手，但是對戰鬥地區的認識不足，尤其他不懂地理。他在確保中間補給基地或構築兵站的實戰戰略上漏洞百出，而且預測戰鬥移動路線所需的距離感也不足。即使是配備高火力大炮的大規模西班牙艦隊，也很難趕上以準確地圖為基礎快速移動的英國艦隊。

特別是西班牙梅迪納公爵（Duque de Medina）將自家艦隊「西班牙艦隊」（Spanish Armada）的作業手冊在荷蘭出版，發行全歐洲，這是莫大的失誤。無論在當時還是現在，保全資安不將高級情報洩露給敵人，一向是基本的戰爭執行能力。但梅迪納公爵在正式開戰之前，就向敵人公開了內部情況和情報。《孫子兵法》中也強調準確資訊和間諜的重要性，梅迪納公爵之舉相當於不懂戰爭的基本。西班牙艦隊由缺乏空間戰略和實戰經驗的領導者指揮，作戰又未能考慮到現場各種變數，最終以慘敗作收。被英國奪走海上航線和貿易主導權的西班牙，逐漸陷入衰落的泥沼。

世界地圖之父，詹姆斯・庫克

在英國，藉由地圖改變自己與國家命運的另一名主角是詹姆斯・庫克（James Cook）。庫克出身於鄰近蘇格蘭的貧窮農家，從少年時期開始跑船。雖然未曾接受正

伊麗莎白女王站在地圖上的肖像畫

規教育，但以自學方式學會繪製地圖的方法。他繪製的精確地圖，對於英國在北美海岸與法國展開戰爭時大有助益。

英國王室高度評價其地圖繪製能力，迅速提拔庫克為船長。雖然任命他負責在太平洋觀測金星的科學探測課題，但事實上賦予他更重要的非正式任務，就是探險未知世界，完成世界地圖。當時，如果長時間乘船，船員們罹患壞血病或染上各種傳染病而死亡的比率很高，所以大家都害怕遠航。但在庫克船長帶領的首次航行中，沒有一人死亡，因此在第二次航行時，英國最優秀的學者和藝術家們大舉登船。

庫克的航行使英國社會更上層樓。精確的世界地圖完成之後，英國人開始走向全世界。尤其是第二次航海隨行畫家繪製的「南極巨大冰山、異國企鵝和袋鼠、澳洲和紐西蘭原住民」畫作刊載在報紙上，激起英國大眾對於新世界的好奇心，移居澳洲、紐西蘭等地的人也隨之增加。庫克第三次航海時，在夏威夷遭到當地居民攻擊而喪生，今日這位「英國船長」仍被推崇為引領英國走向繁榮的英雄。

擅於繪製地圖而成為人生逆轉主角的詹姆斯・庫克

大英帝國的心臟，皇家地理學會

十八世紀英國社會掀起了地圖熱潮。畫作中描繪英國人準備壯遊啟程的模樣時，經常出現地圖為背景物。對於英國人來說，地圖是教養的象徵，以地圖為背景繪製家族肖像畫，就像現在拍攝家庭紀念照一樣。今日依然有英國名門望族，家裡還掛著一幀繪有自己祖先管轄之領地的古地圖。此外，肖像畫中出現地球儀，也在暗自誇耀自己是地圖力卓越之名門子弟。

時至今日，在地理教育傳統根深蒂固的英國，愈是上流階層子弟，愈是不辭辛苦地踏上險地旅行。在蘇格蘭著名聖安德魯斯大學主修地理學的威廉王子，曾在「空檔年」（gap year）期間前往中美洲貝里斯的叢林接受軍事訓練，在智利偏遠地區進行為期十週的兒童英語教學義工活動，堪稱典範。

向全世界擴張領土的大英帝國的心臟，則是英國皇家地理學會。其中，「地圖室」（map room）是充滿殖民統治所需地理資訊的寶庫。尤其，英國不似荷蘭只以商業目的製作地圖。他們收集各式各樣看似毫無價值的知識，用以製作正確的地圖。

由於英國是島國，若要跨海前往大陸，必須乘船。對於英國人來說，前往海外本身就是賭上性命的挑戰。想要安全渡過風浪洶湧的海洋，事前得做許多準備：必須製作正確海圖和堅固船隻，還要培養保護自身安全的能力，以備應付隨時可能發生的海上危險情況。

即使到了現在，英國每年牛津大學和劍橋大學學生進行划船比賽等與船相關的水上活動，依然很受歡迎。為了渡過持續波濤洶湧的大海，預防海上事故，領導者要率先帶頭進行安全教育和緊急訓練。而且，要在外國的陌生環境下平安旅行，提前收集當地的區域資訊，掌握準確的最新地圖，都是非常重要的。

在培養派遣海外殖民地官員的名門私校，地理是必修科目，透過實地調查，學習在各種環境下解讀地圖和因應危險的方法。英國家家戶戶都備有各種地圖，媽媽也會在睡前讀世界地理童話書給孩子聽，刺激地理想像力。英國人以這種方式培養出地圖力，成為十九世紀最強大的國家，可以說「日不落大英帝國」的基礎，由地理教育擔起重任。

05

朝鮮劃時代的世界地圖

早早發現行星的祕密，找到地圖上沒有的土地，
在為人類精神開闢新局的人之中，沒有任何一名悲觀論者。

——海倫．凱勒，美國作家

韓國是與世界超強大國中國正面對抗，積累內功磨練出高耐受力的國家。高句麗曾是佔據滿洲一帶，與中國隋朝勢均力敵的東亞盟主。百濟曾與倭（日本）交流，傳授文化；新羅則與唐朝聯合統一三國。與高句麗、百濟相比，新羅處於最不利的位置。新羅多山地，不利於農業生產，要與當時最強國，即經濟、文化先進的中國進行交流，必須經過遙遠的海路。但新羅與唐聯合，先後擊敗百濟、高句麗，統一了韓半島，新羅的海外貿易也很積極，以「黃金之國」聞名至中東地區。

另外，高麗展現高度文化水準，甚至有《八萬大藏經》木刻雕版，對出口人參和陶

瓷等對外貿易持開放態度。遭到蒙古入侵的高麗王室遷都江華島，雖然抵抗到底，最終還是投降。此後，高麗和朝鮮王室與元維持兄弟之邦，彼此密切交流。當時元朝掌握全世界交通與物流網絡，主導全球貿易，高麗和朝鮮王室的統治階層有時從元朝那裡取得最新世界地圖和海外地區

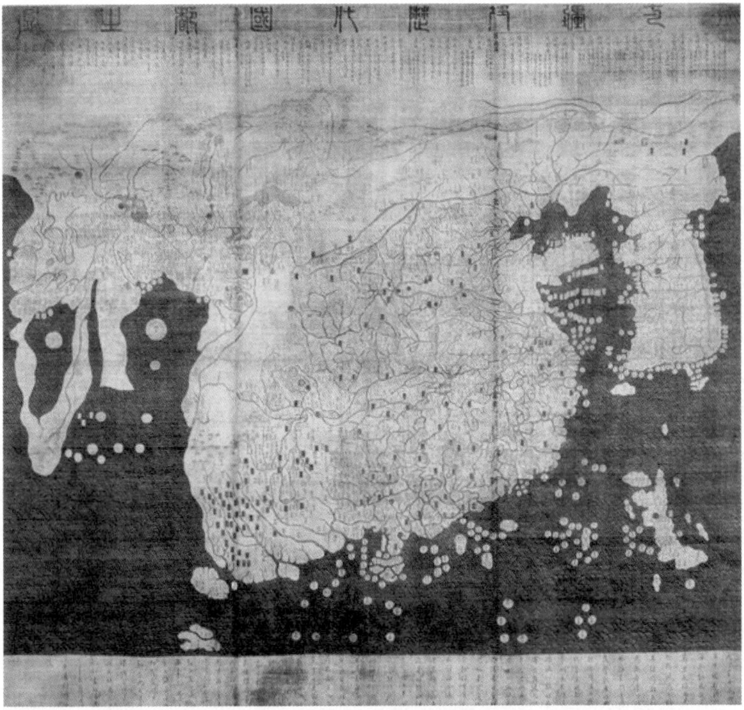

朝鮮初期製作的《混一疆理歷代國都之圖》，不僅標記亞洲、印度、中東，甚至連非洲也標示出來，是具有劃時代意義的世界地圖。（出處：首爾大學奎章閣韓國學研究院）

資訊，所以非常清楚國際情勢。

朝鮮初期太宗二年（西元一四〇二年）製作的《混一疆理歷代國都之圖》不僅標記中國、日本、印度、中東，甚至連非洲也標示出來，是具有劃時代意義的世界地圖。混一疆理歷代國都之圖製作於葡萄牙抵達非洲大陸南端好望角之前，展現了當時朝鮮王室和統治者的高度氣象和國際化水準。

為何金正浩未能成為詹姆斯．庫克？

但此後，隨著朝鮮官僚制度鞏固和儒教秩序強化，領導者逐漸失去「地圖力」。直到高麗時代為止，風水地理與天文一樣同受重視，而在朝鮮時代卻遭貶低，士大夫們成天投入黨爭，對世界地圖漠不關心。朝鮮士大夫憑藉以儒教經典為重的科舉考試晉身仕途，目光狹隘如井底之蛙，對國際形勢的變化遲鈍無感。若是安於舒適圈中心的官僚、支配階層增加，由保守勢力掌握社會，走向海外的挑戰精神就會消失。由於無法創造新的財富，圍繞國內有限資源展開的競爭只會變得更加激烈。

雖然歷經壬辰倭亂（譯註4）、丙子胡亂（譯註5），農地遭棄，民眾痛苦劇增，但朝鮮國王和統治者卻只專注於維護自己的既得權力。如果國家繁榮，重視法律規範的官僚階層就會增厚。龐大的官僚階層將阻礙革新和經濟發展，產生社會樂觀展望受到抑制的副作用。羅馬帝國在初期營運昌盛，晚期隨著官僚制度膨脹和稅金提高，愈來愈多農民為了逃避沉重的稅金負擔而離開故鄉，最終帝國走上沒

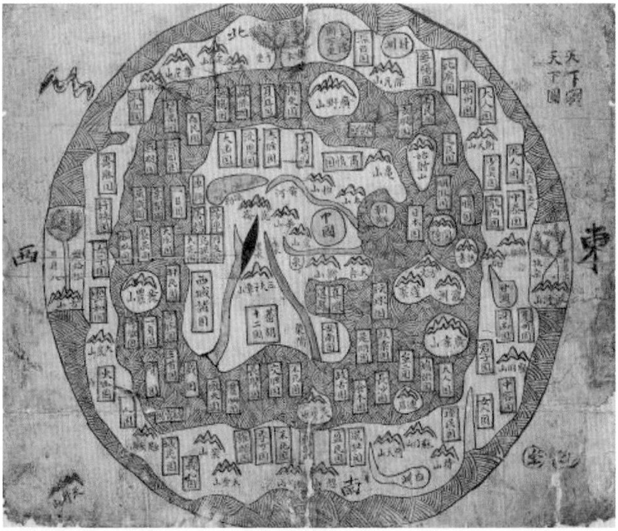

十九世紀的士大夫醉心在描繪《山海經》怪物生活空間、純屬想像的《天下圖》。（來源：首爾歷史檔案館）

譯註 4：西元一五九二至一五九八年間，明朝為抗倭援朝，先後兩次派遣軍隊進入朝鮮半島，對抗日本豐臣秀吉侵略朝鮮。中國歷史上又稱「萬曆朝鮮戰爭」。

譯註 5：西元一六三七年，清太宗率領十萬清朝軍隊攻打朝鮮的事件。中國歷史上又稱「丙子之役」。

落之路。朝鮮同樣陷入「沉重稅金－農村荒廢化（生產性低下）－稅收減少－軍費增加－沉重稅金」的惡性循環，從而國運衰退。

十八世紀實學家星湖李瀷曾經提及地圖力的重要性：「凡儒生皆應通曉繪製輿圖。」但大部分的士大夫沉迷於儒家經典更勝地圖。甚至像丁若鏞這樣偉大的實學家，也在流放地哀嘆自己身處邊陲，並且囑咐兒子「將來務必住在都城（首爾）十里之內」。在十九世紀，當時熱衷於內部權力鬥爭的士大夫們，醉心在描繪《山海經》怪物生存空間、純屬想像的《天下圖》，而眾官僚們，只關心對收稅有幫助的國內地圖。

十九世紀，金正浩這位卓越的製圖者編纂了精確的國內地圖《大同輿地圖》，但並未獲得社會認可或國家支援，反而被視如敝屣。如果金正浩像英國的詹姆斯·庫克一樣，在國家支援下製作出遠征海外的各種世界地圖，普及百姓，那麼朝鮮的命運也會有所變化吧？如果當時金正浩乘船至獨島製作正確的地圖，日本可能就無法將獨島標記為「竹島」，說是自己的領土了。

韓戰後經濟發展時期最暢銷的書《金燦三的世界旅行》

韓戰（韓國史又稱「六二五戰爭」）爆發後，將韓半島地圖畫在中央的地圖曆大受歡迎。因為若想避難，謀求自身與家人安全，必須有詳細的國內地圖。在此背景下的一九五〇至六〇年代，韓國平均每人國民生產毛額（GNP）不到三百美元，竟然有人身上沒多少錢，逕自勇敢踏上世界背包旅行，甚至寫成書。他正是旅行家兼地理老師金燦三。

內含彩色照片與有趣故事的《地理學家金燦三的旅行記》，是當時最暢銷的書籍。貧窮新婚夫婦準備結婚時，必須與棉被或衣櫃一起置辦的結婚用品是《金燦三的世界旅行》全集；他的書是當代世界地理國民教科書。登山家朴英碩、作家韓飛野、金英夏等人，都讀著他的書，夢想世界旅行，足見地理學家金燦三對於韓國社會的巨大影響力。

金燦三相信只要有地圖和相機，就可以去世界任何地方，於是他實地考察了世界一百六十多個國家，陸續出版旅行記。在資訊不足的情況下，啟程前往世界自助旅行是苦難的延續，在繞地球三十二圈的漫長旅程中，他曾經多次度過生命危機。實際上，在旅行出發之前，他每次都會寫遺書留給家人，可見旅行存在諸多危險與變數。金燦三果敢踏上如此危險的世界旅行，很大程度上是受到大他六歲的大哥影響。高中時期在國內騎自行車旅行而遺憾在事故中喪生的哥哥，曾在日記本中寫下「非常想去南美安第斯山脈」的夢想，金燦三說自己想代替哥哥實現。此外，身為地理老師，他想充滿自信地教導學生，與其依賴收錄舊知識的教科書，他內心更希望啟動五感親自探索世界。

英國首佚女性地理學家伍莎貝拉・博兒・畢夏普觀察下的朝鮮

在女性難以自由旅行的十九世紀英國維多利亞女王時代，伊莎貝拉・博兒・畢夏普（Isabella Bird Bishop）克服病體與偏見，踏遍世界各地。她寫的旅行記成為暢銷書，隨著她愈來愈深入了解海外地區，後來更成為維多利亞女王的地理老師。年過花甲的她，從一八九四年冬天到一八九七年春天，走遍韓半島和滿洲地區做實地考察，寫成《韓國及其鄰國》一書，獲英國皇家地理學會認定為首位女性地理學家。

在這位英國地理學家眼中，舊韓末期的朝鮮王朝岌岌可危，百姓們的生活無比艱苦。「韓國因特權階級的剝削、官公署的殘酷稅金、缺乏總體正義、所有收入的不穩定而（……）中產階層能夠走出來的路徑尚未開放。儘管如此，韓國的希望還是存在於海洋、土地、堅韌的民族性之中。」她如此高度評價韓國人的潛力。十九世紀老經驗英國地理學家針對韓國社會提出的分析和洞察，在二十一世紀仍然擁有龐大共鳴，其深刻敏銳可見一斑。

06 拿破崙的地圖

戰爭無需眾人。單單一人就左右戰爭。

——拿破崙，法國皇帝

法國地圖製作的歷史，以不同於英國的形式展開。法國路易十三非常重視地理，甚至另設王室的製圖師。此外，五歲登上王位，曾歷經大風大浪的太陽王路易十四，企圖製作精確的法國地圖，用以建構強有力的中央集權體制。十七世紀後期，他請義大利的卡西尼（Cassini）家族用最新的天文學工具，進行法國國內領土的三角測量，製作成精確的國內地形圖。路易十四也在未知的亞洲、北美地區探險，繪製世界地圖。然而，隨著統治後半期開始把國力傾注於凡爾賽宮建築和庭院建造上，法國的海外遠征與世界地圖製作就不了了之。

路易十五統治時期，以凡爾賽宮為中心建造地方貴族可以居住的園區，當時流行巴洛克風格，奢侈享受的王室文化全面發展。對於在巴黎城外狩獵場建成之凡爾賽宮享受豪華派對的國王和貴族來說，海外探險或世界地圖豈非遙遠國家的故事？

英國以詹姆斯．庫克船長為中心，各領域的專家冒著生命危險參與航海，繪製正確的世界地圖時，而法國王室的製圖者丹威爾（Jean-Baptiste Bourguignon d'Anville）則熱衷於拼湊現有地圖，做成美麗的地圖。如果在戰爭和貿易中決定勝負的地圖的準確性下降，該國國運將走向衰退。老舊地圖的現場切合度必然會下降，甚至危險。尤其在戰爭之類決定性情況下，可能會做出錯誤的判斷。

不同於老練的絕對君主路易十四，在宮廷受過度保護長大的路易十六，是一名以「造鎖」為嗜好的內向少年。雖然有畫作中，路易十六正在看地圖，但實際上，他是否能夠將地圖好好運用在統治上，令人存疑。因為看地圖和解讀地圖是截然不同層次的問題。在王室貴族窮奢極侈追求享樂的時期，對於缺乏各種現場經驗的年輕國王來說，地圖只不過是艱深難懂的畫作吧？

法國是歐洲各國羨慕的經濟、文化、藝術中心。肥沃農地生產各式各樣的農產品和葡萄酒，飲食文化非常發達，宮廷裡華麗的時尚與藝術綻放。然而，為了支持王室貴族的豪華生活，法國國民必須承擔苛捐雜稅。耽溺於快樂世界的領導者們已經遠離法國百姓艱苦生活的現場，法國國運走向衰退。忽視地圖又缺乏開拓者精神的法國，儘管地理位置優越，物產環境豐饒，始終只能滿足於屈居歐洲第二二。隨著連年歉收，人民飽受飢餓折磨，最終民眾的不滿爆發，在一七八九年掀起法國革命。

　在英國看著世界地圖開拓殖民地的時代，法國人認真端詳的地圖是「愛情的地圖」。現在去法國國立圖書館還能看到原本，該地圖畫的不是真實的土地，而是小說中出現的想像

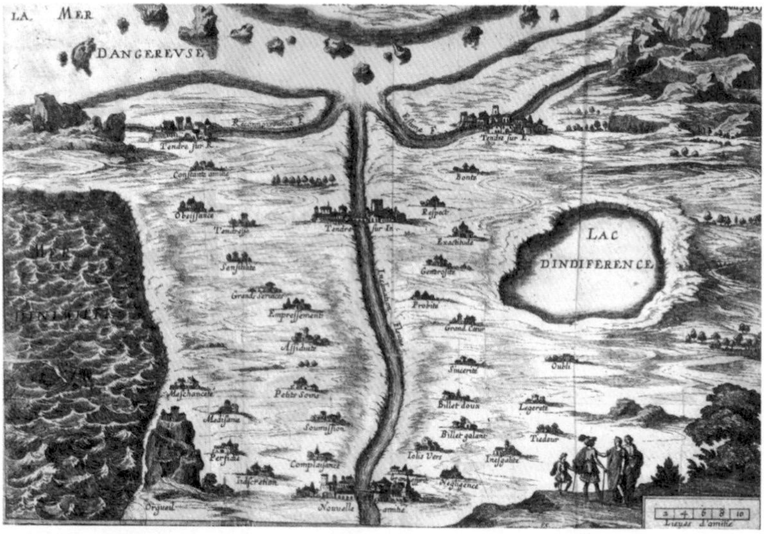

描繪小說中想像空間的法國「愛情的地圖」。

空間。沉溺於奢侈享樂的十八世紀法國上流階層熱衷於愛情的地圖，但對探險與開拓所需的精密地圖卻漠不關心。在二十一世紀，愛情的地圖也曾出現在產品廣告中，顯示它在法國、義大利一直享有高人氣。

憑著地圖抓住人生逆轉機會的拿破崙

法國革命爆發後，斷頭台上數千人喪命，如彗星般登場的英雄正是科西嘉島出身的法國軍官拿破崙。拿破崙非常清楚空間戰略在戰爭中的重要性，甚至留有「地理乃是命運」一語。一八〇四年自行登基皇位的拿破崙，透過南征北戰建立起當時歐洲最強大的帝國。自身多才多藝、平時只睡六個小時的拿破崙，留下許多豐功偉業。

他波瀾壯闊的人生，引來兩極評價。有的法國人給予正面評價，認為他是單憑個人意志與能力躋身權力中心的野心家、二十五歲成為將軍的曠世罕見軍事戰略家、近代歐洲的策劃者、為法國教育文化奠定基礎的偉大政治家、編纂拿破崙民法典的知識份子、仰慕亞歷山大大帝的征服者、比二十一世紀政治人物更了解輿論重要性且運用在統治上的政治宣傳鬼才，但也有許多人給予負面評價，批評他為推翻法國大革命所實現之共和政體的叛徒、壓迫女性人權又恢復奴隸制的獨裁者、犧牲無辜人命的戰爭狂，據推測，由於拿破崙麾下戰爭而喪生的平民和軍人，實際人數為三百二十五萬人至六百五十萬人。

拿破崙的功過爭議，在他去世兩百週年的二〇二一年仍在進行中，但從地理學家的觀點來看，他的複雜人生可做乾淨俐落的梳理。也就是說，可以清楚區分為認真觀看地圖的全盛期，以及遠離地圖、虛張聲勢的衰落期，現在將從空間層面來分析拿破崙的人生。

曾在軍事學校學習地圖解讀方法的拿破崙是空間戰略達人。雖然他不是等高線地圖的發明人，卻以身為將等高線地圖引入戰爭的第一人聞名。[06] 特別是土倫戰役（Siège de Toulon），經常被援引為拿破崙軍事戰略的成功事例。拿破崙在土倫等高線地圖上發現了名為「埃吉耶特」（l'Eguillette）的小要塞，遂在此部署軍隊。該要塞位在懸崖之上，向下俯瞰港口，實為掌握戰事勝機的關鍵地點。曾任炮兵軍官的拿破崙，將十年前開發的輕炮移上懸崖，以此方式展開戰鬥，殲滅敵人，取得完美勝利。位於法國南部海岸的土倫地形，與拿破崙故鄉科西嘉島的阿雅克肖（Ajaccio）非常相似，因此他能充滿自信地制定作戰計畫。

找出能夠在戰場上贏得勝利的關鍵地點，再迅速部署軍隊，這是拿破崙擅長的戰

在土倫攻城戰查看地圖的年輕拿破崙。拿破崙是將等高線地圖引入戰爭的第一人。

略。但如果找不到關鍵地點，他會繼續調動軍隊，尋找狹縫。實際上，在土倫取得勝利的拿破崙，已在義大利遠征途中直接路過杜林（Turin）和米蘭等主要城市。原因是他在那裡難以掌握該怎麼贏的感覺。反之，他在看起來無足輕重的地方，連續展開六場戰鬥，最終取得勝利。[07]

從地圖上可以看出，地中海沿岸的南歐是他很熟悉的環境，看著地圖再經過徹底的實地調查，他就能有自信地指揮戰鬥。實際上，拿破崙取得大勝的地區，以西班牙、義大利、奧地利等南歐地區居多。在法國大革命之後局勢混亂之際，拿破崙順勢崛起。全盛時期的拿破崙，即使遇到規模龐大的軍隊也不畏縮，幾乎百戰百勝。等高線地圖和輕炮是他的祕密武器。特別仰慕亞歷山大大帝的拿破崙，還曾經率領科學家、考古學家到埃及，帶頭指揮地圖製作和科學探索，負有知性領袖的盛名。

現場型領導人 V.S 獨斷型理論家

拿破崙是能夠在不利自己的重重困難中找出一條路的高手。綜合所有經驗、知識和感覺而成的靈光一現，這樣的「第七感」不妨看作是源於他卓越的地圖力。拿破崙總是貼近地圖，在每次遇到始料未及的事件時，靈活地修正前進道路。

然而，他自行登上皇位之後，開始熟悉宮廷的奢侈享樂世界，與戰鬥現場漸行漸遠。他與義大利歌劇歌手等眾多女性頻傳緋聞，讀書和看地圖的時間絕對不足，浪費之程度嚴重到每天早上都要噴灑兩瓶德國古龍水。由於連年戰事，加上拿破崙的宮廷生活豪奢，尤其是皇后約瑟芬（Joséphine de Beauharnais）砸重金治裝，使得國家財政遭遇極度困難，終將路易十四時期獲取的北美路易斯安那（Louisiana）賣給美國。美國獲得這片比現今法國領土大三倍以上的土地，西部開拓的步伐加快，法國在新大陸的影響力也急劇縮小。如果統治者只執著於法典文句，而不是地圖，這個國家的敗兆已現。

拿破崙或許是擅長戰鬥和法典編纂的天才，但在經濟政策和空間決策上的失誤屢見不鮮。特別是為了牽制英國而採取的大陸封鎖令，不僅造成走私貿易增加，更引起歐洲各國反抗法國等諸多副作用。一八一二年是厄運開始的一年。拿破崙失去初衷，陷入自滿，盲目相信自己的能力。雖然計劃遠征俄羅斯，但拿破崙的準備不扎實，體重大增，機動靈活度不如以往。尤其，俄羅斯寒冬的凜冽程度與法國不同，拿破崙又對俄羅斯地理環境不熟悉，未能取得精確的俄羅斯地圖，所以戰略失誤頻頻出現。

由於缺乏當地自然環境（即氣候、地形）和敵軍動向的相關情報，拿破崙與六十萬軍隊在嚴寒和不足的糧食中苦戰。馬基維利曾經點破：「軍糧不足的軍隊，在與敵人交鋒之前就已經輸了。」對於糧食補給不暢而捱餓的士兵來說，只強調意志力和愛國心是無法在戰鬥中取得勝利的。特別是東歐一帶的卡扎克（Kazak）騎兵隊殘忍屠殺法軍，最終法軍只有一萬人左右返回。豪氣萬丈出發俄羅斯遠征以完全失敗告終，拿破崙只能委屈降格在故鄉科西嘉島旁邊小小的厄爾巴島（isolad'Elba）稱帝。拿破崙喪失領導權，滯留在流放地後，法國再次陷入混亂的漩渦。後來，在厄爾巴島居民的協助下，拿破崙擺脱監視，進擊巴黎，重新奪取政權，英國和歐洲國家緊張地組成聯軍。

一八一五年六月十八日，陽光燦爛的星期六。當天結成反法同盟的聯軍與拿破崙的軍隊在比利時的「滑鐵盧」小鎮上面臨決定歐洲命運的最後一戰。當時指揮聯軍的威靈頓（Duke of Wellington）四十六歲，拿破崙四十五歲。兩人都是從最底層開始登上最高位置白手起家型領導人，但指揮風格截然不同。

威靈頓身穿灰色長外衣式（frock coat）軍服參與戰鬥，擅長防禦戰略。他宣稱：「我不喜歡把作戰範圍擴大到自己無法控制的界限」，在戰鬥現場，他總是站在最前方。部

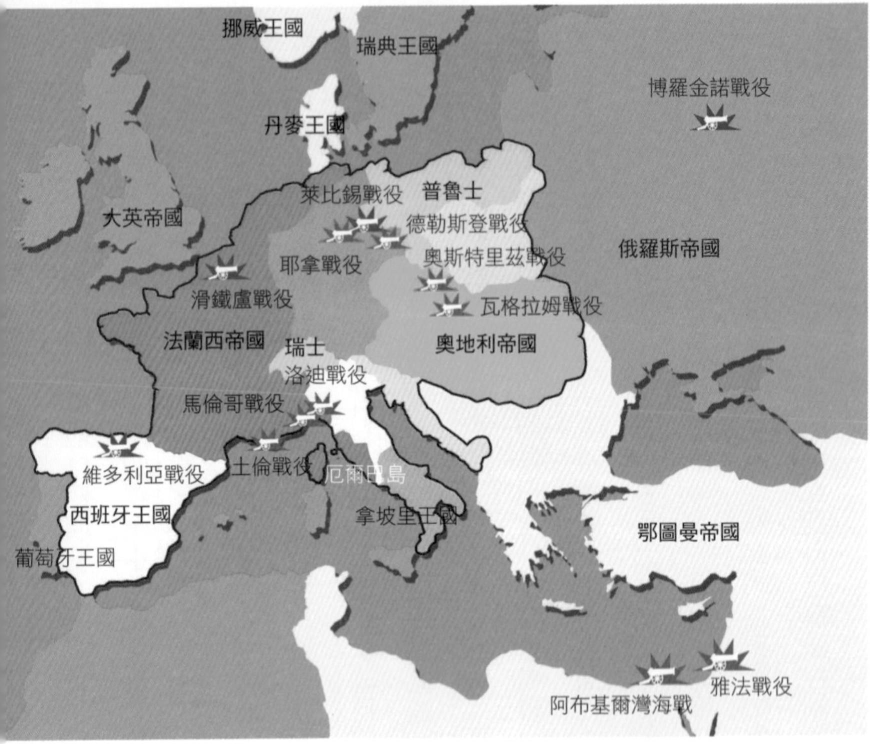

下們很尊敬願意自擔危險的威靈頓，以親切的綽號「大鼻子」喚他，信任他且追隨他。

與現場型領導人威靈頓相比，拿破崙更近於獨斷型理論家。拿破崙喜歡刻畫戰鬥藍圖，偏好由部下執行的方式，尤其，他似乎大意輕敵。拿破崙嘲笑威靈頓是「印度傭兵指揮官」，甚至不曾探討威靈頓的戰鬥方式。反之，威靈頓研究了拿破崙的戰鬥方式，事前仔細考察戰鬥現場。他發現到得以最大限度發揮山丘後坡和山脊隆起線利用價值的戰略

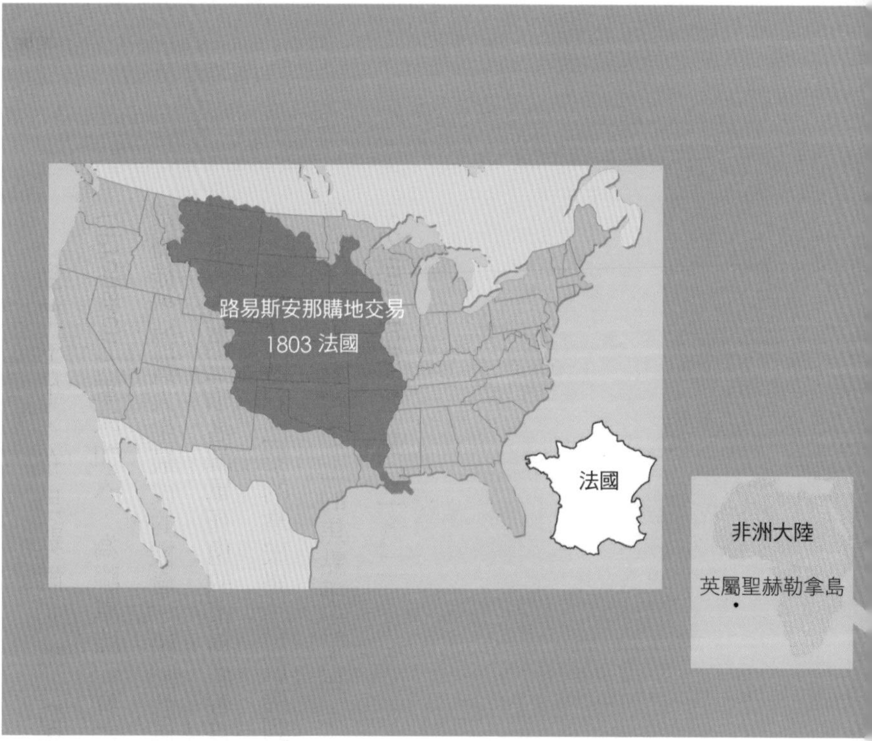

拿破崙的戰爭區域（右頁）和賣給美國的路易斯安那（左頁）。
紅色是勝利的戰役，藍色是失敗的戰役，紫色是結果不明的戰爭區域。

性地點後，遂將自己的士兵集中部署在那裡。

夜晚降下暴雨，第二天早上拿破崙延後展開攻擊。事實上，泥坑只是小小的障礙物，更何況在他攻擊的時候完全不成問題。但是，不熟悉北歐天氣的拿破崙似乎在推估攻擊時間上有困難，尤其北歐地區寒冷潮溼的的環境，使他的痼疾痔瘡和膀胱炎更加惡化。最後，拿破崙在沒有仔細觀察現場地形的情況下，下達的集中射擊命令未能造成聯軍大幅折損。

到了下午，布呂歇爾元帥（GebhardLeberechtvon Blücher）指揮的普魯士（Preussen）軍隊加入，為聯軍助一臂之力，拿破崙的軍隊陷入了四面楚歌的境地。拿破崙徒然浪費人生最後的機會，法國的自尊心也崩潰了。威靈頓評價道，三萬兩千名法國軍、兩萬三千名聯軍死傷的滑鐵盧戰役是「驚險致勝的一役」。

就這樣回到巴黎的拿破崙，皇位遭到罷黜，他在逃亡美國的途中，還慘遭英軍逮捕。從此，西歐近代史上的焦點爭議人物拿破崙被流放到非洲附近的大西洋英屬聖赫勒拿（Saint Helena）島。一八二一年五月五日，五十二歲在流放地孤寂辭世。

07 戰爭是最佳地理老師

即使是吹過去的風，也要聞一聞它的味道，
那麼就可以知道那股風是從哪裡來的。

——《塔木德》

暢銷書《用十張地圖看懂全球政經局勢》（*Prisoners of Geography*）是英國新聞記者提姆．馬歇爾（Tim Marshall）將二十一世紀世界形勢寫得通俗易懂的教養書。不過，由於作者僅高中畢業，不曾在大學主修地理，該書只是為協助普羅大眾理解而寫的書，侷限性非常明顯。除東歐和舊蘇聯地區等作者本人曾經親自採訪的地區外，其餘地區，特別是亞洲方面的敘述非常貧乏，地理學領域的最新理論和爭論點也沒有反映出來。「美國是自始受到祝福的土地，美國人運氣很好。美國是註定會成功的國家」，這樣的說明似乎很危險。因為此說的角度忽視了美國取得現今廣闊領土的過程本身，而且可能給人灌輸關於美國史地的錯誤概念。

透過探險與地圖而成長的國家

美國是移民的國家，移民們夢想過更好的生活，所以漂洋過海而來。為了追尋宗教自由，或者想要擺脱飢困貧窮的生活，歐洲人看著地圖移居到此，不過，美國並非一開始就欣欣向榮，佔據如今的廣袤土地。十九世紀美國的國境持續變化，戰爭不斷。從與英國的獨立戰爭開始，不僅要擊退西班牙、墨西哥等外部敵人，內部矛盾也很嚴重。美國南部不願意解放奴隸，北部需要在工廠工作的勞動者而支持奴隸解放，南北雙方爆發戰爭，為圖生存，美國人必須看地圖。此外，探險家、商人、農民、投機份子、傳教士在參與西部開拓過程中，與自古生活在北美的美國原住民之間不可避免產生矛盾。另一方面，眾多黑人奴隸看著「拼布地圖」（quilt map，用小布塊拼接而成的地圖）追尋自由，從南部移動到北部。

要在每一場戰爭中佔據有利形勢，地圖力是不可或缺的，甚至有「戰爭是最佳地理老師」的說法。美國之所以成為二十世紀最強大的國家，乃是拜先人們在十八至十九世紀認真看地圖、冒險犯難、開拓美國之賜。尤其，美國建國初期領袖們的「地圖力」將危機化為轉機。首先，美國首任總統喬治．華盛頓（George Washington）的第一個職業是土地測量師，他擁有絕佳的空間感，曾經參與現今美國聯邦政府首都華盛頓特區的城市計畫。身為奠定美國基礎的領袖而備受尊崇的第三任總統湯瑪斯．傑佛遜（Thomas Jefferson）也是土地測量師家庭出身。培養出地圖力的傑佛遜總統，在法國巴黎出任外交官期間收集地理書籍，後來果決促成與法國的路易斯安那領土交易，從美國的立場來說，不費一兵一卒就取得遼闊土地，還獲有新奧爾良港，這與彩券中獎大發橫財沒有兩樣。

不過，傑佛遜總統在購買路易斯安那領土後，也曾一度陷入不安。他擔心買得太貴，甚至祕密派遣探險家前往美國西部。傑佛遜總統為開拓西部，派遣遠征隊，委其繪製路易斯安那一帶和西部地區的正確地圖。此外，他也指示同時探索地下資源的埋藏可能性和經濟價值。

對移民來說，美國是一片黃金之地，對於自營農和投機份子來說，西部的未開墾地猶如流奶與蜜的機會之地。低廉的土地成為投機的標的，美國開國元勳們也積極投入不動產理財。首任總統華盛頓成立密西西比公司（Mississippi Land Company），熱衷於收購土地；班傑明．富蘭克林（Benjamin Franklin）也參與了伊利諾二十五萬平方公里的土地投機。在「昭昭天命」（Manifest Destiny）（譯註6）的口號下，一邊進行西部開拓，一邊透過土地交易形成巨大財富。歐洲出身的貧窮移民們，需要錢購買農業機械和種子等，故由地區銀行發行銀行券，借款給開拓者，金融業也順勢發展。

美國如何超越英國？

美國利用鐵路作為物流的大動脈，加速西部開拓的步伐。淘金潮一爆發，以舊金山為中心的太平洋沿岸也掀起鐵路建設熱潮。始於一八六一年的南北戰爭，導致橫貫大陸的鐵路建設停滯不前，但鐵路網是大國的必要基礎建設，重要性一直被強調。一八六二年，根據太平洋鐵路法成立負責建設由東向西鐵路的聯合太平洋鐵路公司（Union Pacific Railroad），一八六四年成立建設由西向東鐵路的中央太平洋鐵路公司（Central Pacific Railroad）。鐵路不僅改變了美國的地圖，還改變了美國的命運。鐵路帶動鋼鐵業，機車製造也促進機械產業的發展，重工業整體呈現飛躍式的成長。結果，一八六〇年工業產值原居世界第四的美國，產值劇增且超越英國，到一九〇〇年躍升為世界第一工業國家。石油大亨洛克菲勒（John Rockefeller）、鋼鐵大王卡內基（Andrew

Carnegie），都是展開地圖，迅速適應鐵路時代而賺進大筆錢財的美國代表性企業家。

自十九世紀起，從歐洲移居美國的四千萬名移民乘坐鐵路，一步步開拓美國內陸和西部偏遠地區。南北戰爭後的三十年間，西部開拓地的人口增加二·五倍，農場數量增加三倍。位於偏遠地區的開拓者簡陋小屋也掛上美國地圖，所有的人都在培養地圖力，二十世紀的美國終於迎來全盛期。一九〇〇年，美國的國民生產總值為一八七億美元，幾乎是英國一百億美元的兩倍，工業產值也達到世界的二三·六%。人口也增加到七六〇九萬人，接近英國人口四一一六萬人的兩倍，一舉成為人口大國。從地理觀點來看，美國是在眾多探險家、空間決策出色的領導者、看著地圖移居到陌生土地之開拓者的努力下得到發展。然而，光愈強，影愈深。自古以北美地區為生活基地的美洲原住民部落雖然抵抗到底，但由於沒有地圖，所以被歐洲移民奪去土地。在開拓西部的過程中，原住民的抵抗愈強烈，人員傷亡也愈慘重。

譯註6：意指十九世紀美國人所持有的一種信念，認為上帝賦予美國向西擴張至橫跨北美大陸的天命。

向邱吉爾學習地圖力的羅斯福

拯救美國度過經濟大恐慌危機，成功實施新政的富蘭克林．羅斯福（Franklin D.Roosevelt）總統，也是非常了解地理的力量的領導者。他透過公共勞動就業政策，將失業徬徨的都市青年送往森林，不僅使青年們恢復健康，還挽救了經濟和環境。由於小兒麻痺後遺症，羅斯福身體留有障礙，但他在喬治亞州沃姆斯普林斯（Warm Springs）的游泳池努力復健數年，最後當上總統，後來他向小兒麻痺患者開放自己擁有的游泳池，鼓舞其復健意志。

第二次世界大戰爆發後，太平洋戰爭正式開始，他向英國首相溫斯頓．邱吉爾（Winston Churchill）學習解讀世界地圖的方法。邱吉爾在軍官時期，會親自畫出戰鬥地區且執行作戰任務，是地圖力極佳的領袖。特別的是，邱吉爾首相經常隨身攜帶輪動型地圖冊，羅斯福總統看到時，眼睛為之一亮，立刻聯繫國家地理學會（National Geographic Society），請他們送來包括戰爭地區在內的詳細大比例尺地圖，所以他很清楚地理的力量。此外，羅斯福向國民宣傳戰爭的意義，尋求協助時，也積極利用地圖。

當時《國家地理雜誌》宛如有教養的美國中產階級之象徵，美國偉大的發明家暨企業家亞歷山大．格拉漢姆．貝爾（Alexander Graham Bell）就以國家地理學會領袖的身分活躍一時。

一九四一年，羅斯福總統請美國人民一邊看世界地圖，一邊聽自己的廣播演說。從廣播播出前幾天起，赴書店和商店尋找世界地圖的人大排長龍，廣播播出當天就地圖售罄。他解釋美國參與太平洋戰爭的背景，爐邊談話就像「親切入耳的世界地理課」。如果說戰爭是「最佳地理老

羅斯福總統的「爐邊談話」是親切入耳的世界地理課。

師」，羅斯福總統可不就是美國人專屬的最佳地理老師？在美國與英國元首之間以地圖為中心頻繁交換意見之際，羅斯福總統想減少平面地圖的歪曲，還特別製作巨大的地球儀送給邱吉爾首相，看著地球儀擬定作戰計畫，他們倆都是地圖力極其卓越的領袖。

後來被重新評價為有信念的政治家

林肯的競爭對手蘇爾德（William H. Seward）國務卿是深諳地理的力量的領袖。他從俄羅斯手中買下阿拉斯加，擴張美國的領土。蘇爾德在一八六八年以委託地理學家製作的報告書為基礎，主張「美國不僅要收購阿拉斯加，還要收購冰島和格陵蘭島」[08]，受到政敵大肆攻擊。他的政敵們戲稱阿拉斯加是「蘇爾德的保冷箱」，批評「蘇爾德做了蠢事」。

不知是否由於承受四面八方的諸多壓力，蘇爾德在收購阿拉斯加五年後逝世。但三十年後，阿拉斯加被發現蘊藏著龐大的黃金、礦物資源、石油、天然氣等，阿拉斯加和北極地區的戰略價值也不斷提高，蘇爾德因此被重新評價為「有信念的政治家」、「有遠見卓識的領袖」。

08

英國人在地圖上尋找一切解決方案

真相誕生在這世上時，必然伴隨痛苦與考驗。
而且，所有新的真相都不得不接受。

——阿爾弗雷德．羅素．華萊士
（Alfred Russel Wallace），英國生物地理學家

英國是禮遇製圖者的國家。出生於柴郡的約翰．斯皮德（John Speed）在倫敦從事繼承家族西服事業，經常抽空繪製地圖。詩人兼政治家富爾克．格雷維爾（FulkeGreville）向伊麗莎白一世女王推薦他為賦有才能的製圖者。在王室的贊助之下，斯皮德潛心製作地圖，一六一〇年推出第一本地圖冊《大不列顛帝國的舞台》（*Theatre of the Empire of Great Britaine*），這是首部個別放入英格蘭和威爾斯地方道路的地圖冊。愛爾蘭和蘇格蘭地圖也一起收錄在內，斯皮德以自己親自測量和調查的內容為基礎，將

英國各地方與城市的現狀，搭配美麗插圖編輯成冊，大獲好評。一六二七年，斯皮德死前兩年出版了第二本地圖冊《世界最知名地方一覽》（*A Prospect of the Most Famous Parts of the World*），這是英國人製作的首部世界地圖冊。斯皮德地圖冊是為旅行者製作的地圖，長期以來深受喜愛，成為凝聚英國人一起走向世界的基礎。

約翰．斯諾博士查明霍亂原因的地圖

在對抗傳染病的防疫戰爭中，地圖也是有用的工具。新冠疫情發生之後，我們比過去任何時候更常看到世界地圖和國內地圖。十九世紀英國醫生約翰．斯諾（John Snow）將倫敦霍亂患者發生的場所地畫出來，查明傳染病的原因。

一八五四年倫敦蘇活區霍亂患者劇增，每天的死亡人數達五百多人以上。當時許多人認為霍亂的原因是空氣差。當時，倫敦的大氣污染非常嚴重，惡臭熏天。但是斯諾考量到霍亂的原因可能在其他地方，勇敢挺身尋找霍亂死亡者集中發生之處。如果說糟糕的空氣確實是霍亂的原因，那就是冒著死亡的危險，親自前往危險的現場。斯諾像偵探福爾摩斯一樣發揮地理想像力，在地圖上標示霍亂患者發生地區，並用長條圖表標明患者人數，發現最常出現患者的地方是飲用水泵周邊。最終，斯諾推翻了霍亂是經由毒氣傳染的通說，查明它是透過被污染的水而傳染的水因性傳染病，成為現代流行病學的先驅。他將傳染病發生地區的患者分布情形地圖化，同時獲得新的觀點，以及解開霍亂的謎團。

英國人用地圖解決一切問題

在歐洲大學，地理學是地位

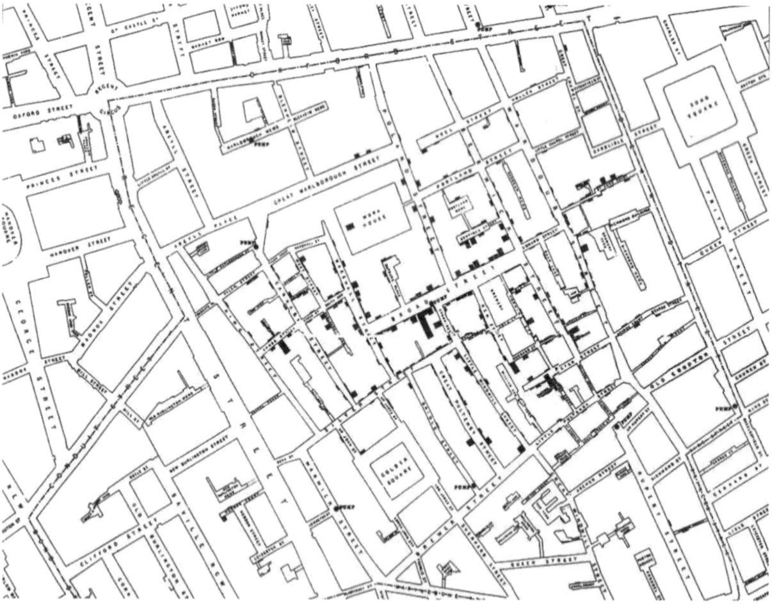

約翰・斯諾博士利用地圖查明霍亂的原因

穩固的重要學問。尤其在英國，幾乎所有大學都設有地理系，地理學被視為連結人文、藝術、社會科學、自然科學、工學、地區研究等諸多學科的始祖級「整合型」學問，成為各種知識與學習的基礎。此外，在眾多領域的政策制定和實施過程中，他們很重視空間觀點，地理學家的專業不僅發揮在美術館建設、環境政策評估方面，還有保健、福利、醫學，尤其是精神醫學領域。

在英國，任何政策都與地圖一起展開，首都倫敦也是創傷外科權威醫師李國鍾博士最羨慕的城市。因為倫敦擁有二十四小時待機的醫療直升機，能夠迅速移送患者的系統，英國人在世界任何地方，不僅在危險情況下自行保護己身安全，還會率先救助處於危機中的人。

二〇〇四年聖誕節之際，英國小學生蒂莉．史密斯（Tilly Smith）和父母一起去泰國普吉島旅遊。她目睹海水咕嚕咕嚕滾的現象，想起休假前幾週地理課上老師教的海嘯現象，這位少女向周圍的人喊道：「快點爬到高處。」幸好有蒂莉的快速應對，海岸邊的人們得以逃生，無一傷亡。這位挽救眾人性命的少女一時蔚為話題，還獲得英國地理協會的獎狀。

二〇一八年，在泰國北部地區救助被困在洞穴中足球隊少年的過程中，來自英國和澳洲的潛水專家們表現非常活躍。當我們只是默默祈禱少年們平安歸來時，能夠進行實質救助活動的業餘探險家們，自願從英國遠赴現場。尤其，澳洲詹姆斯庫克大學布里斯班校區出身的醫生哈里斯（Richard Harris）是擅長潛水的醫生，得以最先進入洞穴，確認少年們的健康狀況。他在現場先將急需救助的少年送出去，這些從容的處置是將所有少年安全救出的關鍵因素。

到了二十一世紀，英國在解決政治、經濟、社會問題時，仍然會積極利用地圖。英國發布的報告書中，常常插入許多根據精確統計所製作的最新地圖，便於一眼掌握現狀，找出急需處置的問題地區。英國各種媒體積極運用精美準確的地圖，最大限度地發揮視覺效果。此外，若是打開英國的報紙和雜誌，國際新聞佔達整體八〇％以上；看韓國報紙的話，國內新聞佔絕大多數，特別是政治紛爭的相關報導，國際新聞的比重還不到一〇％。尤其，全世界任何地方發生災難或特殊事件時，具代表性的英國廣播公司（BBC）都會緊急派遣特派員到現場，進行深度專家解說與生動報導，因此成為全世界人們值得信賴的廣播公司，在國際上享有高度聲譽。

傳染病隨時猖獗的未來，地理式解決方法愈來愈重要

有人開玩笑說：「相信在有限地球上能夠無限成長的人，不是瘋子，就是經濟學家。」在現今二〇二一年，地球上約七七%的土地已經被人類開發，只有二三%處於自然狀態。僅僅一百年前，地球八〇%以上還處於自然狀態，但由於人口激增與快速開發，地球正在蒙受痛苦。氣候危機不僅對人類是嚴重威脅，對於地球的所有生命體亦然。現在世界人口還在持續增加，自然也不斷遭到破壞，不知道還有什麼病毒會竄入人類的空間。

部分建築師主張，人類依然偏好大城市，可以透過建築來制定對策。然而，在大城市的密集公寓增添陽台，這種程度的補救措施無法解決地球環境的危機。若要超越建築層面的解決方法，釐清更根本的問題原因，提出永續性的對策，所需要的是空間上的處理方案和地理想像力。

在未來傳染病勢必更為猖獗的情況下，產業結構和城市空間正在發生變化。歐美大城市的市中心房地產價格已經暴跌，郊外院子寬敞的住宅需求正在增加。隨著居家辦公愈來愈多，預計也會對城市的興衰產生影響。

最近，在氣候危機加劇的情況下，即使持續變異的冠狀病毒被疫苗平息，不知何時其他傳染病又會猖獗。從病毒的立場來看，人口密集的大都市環境為增殖提供了夢幻的條件。

新冠病毒發生初期，一位大學生緊急製作的新冠肺炎應用程式地圖，獲得爆發性人氣。這一現實佐證了韓國政府此前的空間思考不熟練，在防疫方面未充分利用地圖。地區確診者通知簡訊如垃圾廣告般隨時發來，但與地圖相比，可讀性與效率必然較差。反之，英國早在數百年前就利用地圖與傳染病對抗致勝，掌握世界經濟，也就是運用地理的力量來主導各種問題的解決。

09 猶太人的疫苗開發

最好的學習是在街頭看世界，
看那裡實際發生了什麼事，從底層邊看邊學。

——吉姆．羅傑斯（Jim Rogers），羅傑斯控股公司主席

以色列是世界上最早取得新冠病毒疫苗、以全體國民為對象開始接種的國家。猶太人較多的美國和英國，也算得上是疫苗接種率高的國家。主導疫苗開發的製藥公司中有很多猶太人，雖然這一點有助於取得疫苗，但我認為這也證明了以色列政府和情報機構摩薩德（MOSSAD）的情報收集能力是世界頂尖水準。

海外情報收集非常重要，甚至有人說：「一名有能力的情報員，勝過數萬名軍事人員。」一如果沒跟上最新資訊，不僅防疫，在外交、經濟、技術等所有國際領域，國家競爭力都必然下降。無論從國家層面或企業層面來看，精通地區情況、熟稔現場的專家們

都變得益加重要，但韓國的學界評價標準只重視刊登在西方著名期刊上的英文論文，加上大學行政體系僵化，逐漸成為海外地區專家難以活動的國家。09 非面對面會議因新冠病毒而激增，但顯然有其侷限，惟有赴現場見到人，才能獲得高級情報。尤其，街頭上收集到的最新精確資訊，不僅得以化為金錢，甚至能左右我們的生存。

改變命運的旅程，以色列青年的壯遊

以色列新創企業的數量，多達人口每一千五百四十人有一家，屬世界最高水準。對於富有探索力、逆向思維、挑戰精神又團結一致的猶太人來說，創業是日常生活。許多明星企業以這樣的活力為基礎誕生。世界第一大仿製藥企業梯瓦（TEVA）、以電腦防火牆聞名的資訊企業 Check Point 等在美國那斯達克上市的以色列公司，就超過一百多家。與巴勒斯坦有政治矛盾糾結的以色列國民，生活在以乾燥沙漠為主的惡劣環境，他們做的是看地圖後發揮地理想像力，自行開拓生存之路。

以色列青年們從軍隊回來後，接著啟程前往改變人生的「壯遊」（Big Trip）。所謂「壯遊」，是透過旅行在陌生環境中發現自己，體驗真實現實的一種通過儀式（rite of passage）。然而，以色列青年長期揹包旅行的「壯遊」目的地非常有趣，五二％去亞洲，一五％去南美洲，一二％去中美洲，一一％去非洲，八％去澳洲、紐西蘭，選擇美國、歐洲等安逸先進國家的情形只有二％。[10]與韓國大學生選定以美食巡禮和好拍照著名景點為主的路線相比，兩者面對旅行的態度大不相同。大部分的以色列青年花上六個月至一年左右的時間，透過辛苦的偏遠地區旅行，進一步學習世界，探索前途。在各式各樣的環境下解讀地圖，熟悉如何在危險中保護自己的方法，還從中取得創新的事業靈感。

實際上，「旅行」（travel）的語源是「辛苦、苦難」（trouble）。一直以來，韓國青年也經常前往海外，但多以「蜻蜓點水」的方式遊覽先進國家，特別是在歐洲的觀光景點走馬看花、拍拍紀念照而已。最近，韓國高中也開設「旅行地理」作為未來職業的選修科目，期待今後青年們能夠準備更有意義的旅行。

與生俱來的地理本能與遊牧民族思維

在對付新冠病毒的疫苗開發過程中，猶太人的表現也非常突出。輝瑞（Pfizer）執行長艾伯特・博爾拉（Albert Bourla）和領導疫苗開發組的米卡埃爾・多爾斯頓（Mikael Dolsten）、莫德納（Moderna）的首席醫療長塔爾・薩克斯（Tal Zaks），都是出身於以色列本古里昂大學（Ben-Gurion University）的猶太人。猶太教教導，抵達聖潔的場所務必洗手，才能避免死亡。猶太人重視清潔，把家庭視為最重要的聖所，回家後一定會洗手，很少因傳染病喪命。必須經常在街頭走動的猶太人，似乎本能意識到清潔與健康息息相關。實際上，一三四七年威尼斯鼠疫猖獗，三分之一的人口死亡，當時的猶太人喪生者就相對較少。

「提昆奧蘭」（Tikuun Olam）意指「修復世界」，根據提昆奧蘭思想，讓上帝創造的世界變得更加完美的醫療人員是猶太人的理想職。中世紀拉比（Rabbi）必須自立生活，主要多從事醫療和貿易業，一四九二年遭葡萄牙驅逐的猶太人中，也有很多醫生。後來，法國猶太裔沃爾德瑪・哈夫金（WaldemarHaffkine）開發出霍亂疫苗，美國猶太裔約納斯・沙克（Jonas Salk）開發出小兒麻痺疫苗。二十一世紀，以色列政府也集中挹注資源發展生物產業和免疫學研究，以色列魏茲曼科學研究院（Weizmann Institute of Science）從而躍升為最尖端的免疫學研究中心。

向大眾廣泛宣傳股票投資重要性而被封為東學螞蟻運動（譯註 7）領袖的約翰・李（John Lee）經常強調，為了擺脫金融文盲，必須學習猶太人的教育方法。他們重視教導金錢價值與重要性的文化，鼓勵經濟獨立的「成人禮」傳統。原本猶太人就在學界、教育界表現出高度成就，諾貝爾得獎者眾，所以也有許多專家推崇猶太人教育法，強調猶太人以《聖經》和《塔木德》為教育基礎，推介「虎之霸」（chutzpah）（譯註 8）精神為猶太人的成功祕訣。有的人則說，猶太人的創意性來自不斷的對話和提問法，從而宣傳「哈柏露塔教育法」（Havruta）。

身為地理學家，我認為確有必要關注猶太人的特別教育方法，包括在街頭學習的地理本能和感知、認識地圖的重要性、熟悉地理資訊的民族性，以及準備好經常移動的遊牧民族思維和地圖力。猶太人必讀的《聖經》中，出現各式各樣的地名和地理資訊，亞

譯註 7：指面對外國投資者大量拋售韓國股票，韓國國內個人投資者大舉買入的情形，宛如一八九四年朝鮮王朝出現的愛國運動「東學農民運動」。

譯註 8：虎之霸的意思是：勇氣十足、挑戰規則、不相信不可能、窮盡一切方法。

伯拉罕、摩西等偉大猶太祖先也都是遊牧民族。即使在二十一世紀，猶太人依然是從事洗衣店、珠寶店等隨時可以輕易收拾行囊離開的行業居多。

另一方面，以色列每年舉行「篝火節」（Lag B'Omer）（譯註9），這是由孩子們準備的焚燒大火時令活動，在一個月內探索周圍，培養觀察力。藉由走遍住家附近空地、倉庫、超市、垃圾場、工地等地收集柴火焚燒的過程，孩子們探索周邊環境，自然而然體驗處理危險的火的方法。

此外，完成所謂「誡命之子／女」（Bar/Bat Mitzvah）（譯註10）成人禮的猶太青少年們，有機會藉由先前介紹的「壯遊」深入了解自己，發現自己的性向和前途。企業家精神、創造力、經濟感，我們是否應該像猶太人一樣在街頭學習，而不是在教室裡學習呢？

譯註9：根據猶太信仰習俗，在「數算俄梅珥」（逾越節至五旬節之間的五十天）的第三十三日舉行盛大的篝火慶典。

譯註10：根據猶太人的習俗，當男孩長大到十三歲，女孩長大到十二歲，就成為「誡命之子／女」，達到猶太法律規定的合法成年期，負有履行遵守誡命的義務。

需要「職缺世界地圖」勝於「職缺電子看板」的時代

歐洲頂尖的未來學者賈克・阿塔利（Jacques Attali）也是猶太人。他在二〇〇三年出版的《遊牧人》（Homo Nomad）中預言道：「今後人類將分為醫生、教師、公務員等一處所屬的勞動者「定居民」（settlers）、新崛起的「上層遊牧民」（hyper nomads）、非自願移民的貧窮「下層遊牧民」（infra nomads）三類，而他的預想應驗了。

實際上，隨著數位經濟急速增長，零工經濟（gig economy）日益深化，中產階層沒落，貧困階層劇增，貧富差距也在持續擴大。反之，對於拿著世界地圖，自由穿越國境，盡情發揮才能的「上層遊牧民」而言，賺大錢的機會正敞開著。阿塔利建議道：「人工智慧和第四次工業革命導致勞動環境的業務內容和形式劇變，若要在這樣的勞動環境中生存下去，必須擁有除了自己之外，任何人都做不了的工作，必須成為在自己領域無可取代的人。若要發揮創意，自由的環境很重要，為了成為自己，所需要的就是教育。」[11]

不僅如此，「農業、教育、醫療、健康、食品、觀光等領域正在創造數百萬、數千萬個新工作，『失業率高』或『職缺不足』是無法正視現實」[12]，職缺供需的媒合需要地理想像力。因此，韓國政府應該要製作「職缺世界地圖」，而不是在青瓦台設置「職缺電子看板」，而且應該在二〇二二年修訂的國家教育課程中，強化培養地圖力的地理教育。

Part 2

財富的地圖

他們搶佔了錢流的路口

我們現在生活在「財富的地圖」急劇變化的革命時代。尤其，二〇二〇年新冠病毒向全世界擴散，變化的速度進一步加快。愈是這種時候，愈要設定好方向，看「正確的地圖」，才能真正抓住新機會。而且，若能同時擺脫金融盲與地理盲，致富的機率也會升高。盼望大家秉持著方向比速度更重要的想法，繪製自己專屬的「夢想地圖」，穩紮穩打邁向嶄新的未來。

10 羅斯柴爾德的情報力和金融帝國的擴張

展望未來才能成為百萬富翁。地球上存在的國家中，無一維持與現在相同的國境和政治體制兩百年以上。

——吉姆．羅傑斯，羅傑斯控股公司主席

可以說，法國自十六世紀以後一直屈居歐洲第二大國的最關鍵因素是「財政失敗」。持續的戰爭與奢侈導致國家財政極度虧損。法國大革命以後，為收拾混亂局面，掌握絕對權力的拿破崙出售教會所有的資產，引進新的貨幣等，試圖鞏固國家財政。尤其，他對荷蘭、義大利等佔領地徵收高額稅金來充當戰爭費用，但法國國債利率並沒有降到六%以下。國債利率比競爭對手英國高二%至三%，在與英國的經濟戰爭中，法國已居於劣勢。

在此，我們重新審視一下改變世界史方向的滑鐵盧戰役。羅斯柴爾德（Rothschilds）家族負責英國持股的三兒子內森（Nathan）看透了戰爭結果將對歐洲證券市場產生巨大影響的事實。他預測，如果英國獲勝，作為歐洲的統治者，英國公債將會暴漲，反之，如果英國失敗，法國公債將會暴漲。在英國和法國之中，投資哪一方將定出勝負的巨大賭局中，真正賭對錢的人會成為世界金融的主宰，而投資錯誤的人將傾家蕩產。最終決定勝負的關鍵在於「誰最先去滑鐵盧取得最準確的情報」。

拿破崙和威靈頓帶領各自軍隊向滑鐵盧進攻時，羅斯柴爾德家族在雙方陣營都派遣間諜潛入。富有冒險氣質的內森，在一個月前就預先派遣最優秀、最有能力的情報員到戰場周邊的戰略要地，包括奧斯坦德（Ostende）、根特（Gent）、布魯塞爾、巴黎、盧森堡等，請他們報告雙方大軍的戰鬥準備情況。此外，在隔著英國海峽相對的英國多佛港（Dover）和法國加萊港（Calais），有五艘快船待命，將六名情報員偽裝成隨軍商人，跟隨兩個陣營的大軍向滑鐵盧出動。馬車上的情報員各有一個鴿子籠，準備好在戰爭結果一出來，就向巴黎和倫敦的詹姆斯（James）與內森住所放飛信鴿。

真正的高級情報只有去過現場的人才能獲得

六月十八日下午四點之前，從前線傳來的消息只有對英國不利的消息。但下午四點，布呂歇爾元帥率領的三萬普魯士志願軍到達戰場後，戰局發生逆轉，到了晚上八點，拿破崙的敗勢已顯。以慎重著稱的威靈頓，嚴令聯軍在接手戰鬥現場，準確掌握雙方傷亡人數後，才能發出最終電報。

滑鐵盧的槍炮聲平息後，羅斯柴爾德的情報員開始行動。人在法國的詹姆斯寫了六封信送往英國，信中寫道：「根據可靠情報，滑鐵盧戰役以威靈頓公爵的勝利告終，拿破崙慘敗。」載有第一封信的快船抵達多佛港的時間是當晚十一點。在多佛港碼頭等待的內森收到信後，一聲不吭地回到多佛的臨時住所。事實上，內森已經在晚上十點從潛入戰場上的六名羅斯柴爾德情報員那裡收到信鴿（為軍用通信而訓練的鴿子）傳來拿破崙戰敗的消息。

六月十九日上午十點，在倫敦證券交易所等待戰爭結果的證券經紀人和投資者人山人海。戰爭期間，英國政府利用沉重的巡洋艦傳達電報，所以聚集在交易所的經紀人掌握到的最新情報，只有拿破崙對威靈頓一擊的消息。交易所烏雲密布，大家都忙著推測聯軍是否擊敗拿破崙軍隊。這時，內森進入交易所，站在「羅斯柴爾德柱」前方。瞬間，喧鬧的場內安靜下來，視線都轉向內森。內森面無表情，傳向自己的代理人他們專屬的信號，然後代理人立即跑到委託窗口，開始出售英國公債。大家由此確信聯軍敗北，紛紛出售英國公債。這時候，羅斯柴爾德家族的代理人再將賤價拋售的英國公債悉數收購。

威靈頓整理戰場，確定拿破崙戰敗，下達政府公文的時間比羅斯柴爾德家族足足晚了三十個小時。聯軍部隊的勝利傳開後，英國公債暴漲，內森獲得巨大的收益。經過周密準備，羅斯柴爾德家族在一八一五年成為歐洲金融市場的絕對強者。

實現「三階段營利」成為跨國金融富豪

現在，我們來回顧羅斯柴爾德家族的驚人發跡故事。邁爾．羅斯柴爾德（Mayer A. Rothschild）十歲進入猶太區的猶太神學院。比起學校課業，他更關心賺錢工作，父母罹患天花去世後，他休學住在漢諾威的舅舅家。羅斯柴爾德在漢諾威歐本海默銀行擔任打雜（在政府機構、公司或商店聽候差遣的雇員），開始意識到金融產業的可能性。

當時，銀行家們一年只要進行三、四次資金交易，就能過上豪華富足的生活，透過法國大革命，更賺進大筆金錢。路易十六徵收重稅後，商人、工人、農民們出面抵制，憤怒演變成法國革命，此後歐洲銀行家的地位急劇上升。過慣奢侈生活的貴族們依然揮金如土，但由於收不到稅金，收入減少，最終只能接受融資。貴族們以土地、稅金、寶石或繼承自祖先的城堡為擔保，向銀行借錢，銀行家放貸的力量與日俱增。

迫切希望經濟獨立的羅斯柴爾德，決定放棄漢諾威的舒適圈，前往歐洲商業重鎮法蘭克福創業。首先，他回到父親留在法蘭克福的舊房子，重新走上街頭。當時德國正處於戰爭，經濟狀況極為糟糕，位於德國中央的法蘭克福也愈來愈孤立。法蘭克福曾是美因河流經的水上交通要地，但數次遭到圍城，糧食全部被搶光。猶太人輾轉於垃圾場尋找食物，羅斯柴爾德也加入拾荒的行列。他翻開富裕人家丟棄的垃圾堆，撿起舊衣服後洗乾淨，低價賣給城中貧民，維持生計。

翻尋街頭垃圾場、查看戰場屍體、收集鑄幣和勳章，羅斯柴爾德扎實打下事業基礎。除了經營鑄幣買賣和兌換所之外，商業版圖還擴及運輸業、貿易業，做服裝、香菸、葡萄酒生意。一七八九年法國大革命前後，羅斯柴爾德創立運輸公司，從當時工業發達的英國進口衣料和工業品進行銷售。隨著戰爭持續，歐洲大陸的基本生活物資不足，英國產品以高價販售。羅斯柴爾德將英國製商品的訂貨量提高二至三倍，在歐洲市場獲得巨大收益。

一七七〇年左右，與羅斯柴爾德結婚的猶太女子古特・羅斯柴爾德（Gutle Rothschild）曾經產下十九個孩子，其中五男五女倖存。五個兒子分別是阿姆謝爾（Amschel）、薩洛蒙（Salomon）、內森、卡爾（Karl），還有最小的詹姆斯；長子守著老家，剩下的四個兒子被派往巴黎、維也納、那不勒斯等地。不僅資本，連人力資源也算做了分散投資。羅斯柴爾德派三兒子內森到英國開拓事業。性格急躁，但擅長戰略思考的內森，在紡織工業中心曼徹斯特待了六年。帶著父親的介紹信和事業資金二萬英鎊來到英國，這位二十一歲青年的爆發力猶如火山一般，充分發揮企業家的潛力，壯大家族事業。

內森從事成品貿易一至兩年，熟悉遊戲規則之後，進一步實現了「三階段營利」。他運用的策略是赴紡織工廠密集的英國南部小村莊，大量購買未經加工的布料後，再送到北部的製造業者那裡染色，加花紋製成布匹，最後加工製成服裝、桌布、窗簾等，直接出口到歐洲。也就是以低廉價格大量購買原料後，掌握附加價值高的後半部分生產工程。最終，在產品的染色、加工、銷售三階段都獲得利潤，迅速增加資產，內森躍升成為跨國金融富豪，正是憑此奠下基礎。

「金錢的先知」歷經八代延續財富的祕訣

羅斯柴爾德家族把拿破崙的大陸封鎖令當作擴張事業的機會。在風浪洶湧的英國海峽，內森的走私船自由穿越法國海軍的封鎖線。他從破產的英國商人手中廉價購得工業產品，再將工業產品運往歐洲，走私品的銷售則由德國的羅斯柴爾德老家負責。小時候曾經穿梭在歐洲巷弄之間做小買賣的羅斯柴爾德，深諳歐洲各國的商品流通渠道。內森從英國寄來的走私品一抵達歐洲沿岸國，立即分配給羅斯柴爾德事先談妥的各國雜貨商，以高價賣到歐洲各國。

設立羅斯柴爾德銀行之後，內森從貿易商躍升為金融人士，他收集金融業關鍵情報的能力也非常卓越。內森對情報有多重視，從他引用《塔木德》的名言，就可以一窺而知：「即使是吹過去的風，也要聞一聞它的味道。那麼就可以知道那股風是從哪裡來的。」

內森在倫敦開始做債券交易。債券與政治狀況密切相關。英國主導反法同盟，如果反法同盟聯軍在歐洲戰勝，英國的公債就會漲停，如果法國獲勝，則會跌停。自一八一二年起，反法聯盟與拿破崙軍隊展開生死殊戰。在時時刻刻變化的戰局中，位處英國的內森與在歐洲的其他兄弟密切溝通，交換情報。而且，內森進一步升級羅斯柴爾德家族通用的祕密書信系統，使密碼解讀變得更加困難。為了比競爭者早一步獲得情報，內森投入鉅額資本和人力，構建橫跨歐洲的有效專用情報網，羅斯柴爾德家族的情報力壓倒歐洲各國政府的驛站和情報人員，被稱為「無所不知的羅斯柴爾德」。

歐洲一位政治家在回憶錄中將之描述如下：

「羅斯柴爾德家族專用使者馬車奔馳在歐洲道路上，羅斯柴爾德僱用的情報傳達用快船突破英吉利海峽的風浪。在歐洲各國的街道上，只要是人群密集的地方，到處有羅斯柴爾德家族情報員的影子神出鬼沒。身穿藍底黃色條紋制服的羅斯柴爾德家族使者傳遞了現金、債券、商業書信、情報，特別是證券漲跌的相關最新獨家情報。」

德國詩人海因里希·海涅（Heinrich Heine）如此形容羅斯柴爾德家族：「如果金錢是我們時代的上帝，羅斯柴爾德就是金錢的先知。」俗話說，平天下容易，但守護難。而羅斯柴爾德家族中曾有一人留下類似的名言：「比起賺錢，守護賺來的錢更需要十倍以上的努力。」為了銘記父親的遺志，羅斯柴爾德家族的兄弟們將握有五支箭的手畫入家族徽章。羅斯柴爾德去世已近兩百年，但家族仍然世代忠實守護著祖先的遺訓。打破「富不過三代」的魔咒，延續財富直到八代的只有羅斯柴爾德家族而已。即使到了二十一世紀，家族成員依然穿梭活躍在世界各地。

羅斯柴爾德家族進軍全世界，默默開拓新事業。不僅金融領域，還發展到葡萄酒、穀物、飯店、度假村、礦山等各種領域。另一方面，羅斯柴爾德家族也有很多擁有特殊興趣的怪咖。有人迷上蝴蝶，收集全世界的蝴蝶標本，甚至有人研究「蝨子」。曾有分析說，拿破崙軍隊遠征俄羅斯失敗的原因之一是「傳播傳染病的蝨子」，所以絕非說蝨子是小蟲就可以輕忽。二十一世紀羅斯柴爾德家族的第八代子孫大衛．德．羅斯柴爾德（David de Rothschild）是曾經乘坐塑膠瓶製作的輕筏，從舊金山橫渡大洋到澳洲雪梨的環境運動家。一九七八年出生於倫敦的大衛．羅斯柴爾德，個人資產據知約為兩兆韓元，他以國家地理協會探險家的身分表現活躍，還成立了防止地球暖化的環境團體「冒險生態」（Adventure Ecology）。羅斯柴爾德家族的後代們，仍然以地理學家的思維生活，各自尋找自己感興趣的事物，探險世界各地，開拓新的領域。

11

從馬車到飛機，搭上交通革新浪潮的愛馬仕

旅行是思想的散播。
很難再找到比移動中的飛機、船或火車更容易引出內在對話的地方，新的思想需要新的場域。

——艾倫．狄波頓（Alain de Botton），英國作家

有的企業在新冠肺炎疫情時代也不受撼動，反而進一步成長。那就是精品名牌市場的企業。愛馬仕（Hermès）、路易威登（Louis Vuitton）、香奈兒（Chanel）等始於法國的精品名牌企業，人氣與受喜愛的程度持續攀升。法國精品名牌企業成功將巴黎打造為時尚與文化中心。長久不墜的歐洲代表性精品名牌企業如何能夠世代相傳維持名聲呢？背後

其實有創業者的地理本能和革新DNA，特別是在街頭培養出來的「街頭智慧」（Street Smart）精神。這些精品名牌企業的商標或成長故事中都有「馬」的元素，絕非單純的偶然。現在，我們來聊聊精品名牌企業成功神話背後隱藏的地理故事。

愛馬仕最初的顧客是馬？

愛馬仕的創始人蒂埃里·愛馬仕（Tierry Hermès）出生於德國克雷費爾德（Krefeld）經營旅館的愛馬仕家族。十八世紀德國經濟情況惡化，特別是勞動環境惡劣，許多德國人離開家鄉前往外國。十九世紀末俾斯麥（Bismarck）上台合併數百個公國之前，德國是歐洲的邊陲。在十九世紀建立德國大學基礎的洪堡兄弟，特別是地理學家亞歷山大·馮·洪堡（Alexander von Humboldt）登場之前，德國的學術水準落後於英國、法國。

愛馬仕與家人也為了追求更好的生活，移居法國巴黎。愛馬仕以匠人精神製作馬具、鞍具、韁繩等用於馬匹和馬車的各種用品，在銷售過程中逐漸站穩腳跟。巴黎市中心的租金暴跌後，外地人愛馬仕也有機會在巴黎繁華街道上開設馬具店，特別是一八四二年路易菲利普王的兒子奧爾良公爵（Duke of Orléans）從馬車上摔下死亡的悲劇事件，使愛馬仕的人氣和名聲進一步提高。由於粗製濫造的馬鞍被證實是不斷刺傷馬匹而發生事故的原因，在巴黎，即使價格昂貴，愈來愈多人尋找結實安全的馬具。時至今日，愛馬仕皮革製品中最重要的細節，還是來自製造馬具和鞍具的技術發展出的堅固精巧縫紉。

歷任愛馬仕總裁的尚．路易．杜馬．愛馬仕（Jean Louis Dumas Hermès）表示：「愛馬仕最初的顧客是馬。馬不會看廣告，也不會受邀參加打折或促銷活動。惟有安置在牠們身上的馬鞍、催促牠們的鞭子、腳上穿的馬蹄是多麼舒適柔軟，才能更加幸福、跑得更好。」他還不時談到單憑品質決勝負的愛馬仕企業哲學。

愛馬仕在一八六七年巴黎世界博覽會上榮獲第一名，開始得到國際肯定，在一八七八年的博覽會上，他的兒子夏爾－埃米爾．愛馬仕（Charles-Émile Hermès）再次奪冠，鞏固了世界頂級馬具品牌的地位。當時巴黎正在按照奧斯曼男爵（Baron Georges-Eugène Haussmann）的計畫施工，香榭麗舍大道也改變風貌，化為華麗的購物街。一八八〇年第二代經營者夏爾－埃米爾．愛馬仕在法國總統官邸愛麗舍宮附近的聖奧諾雷市郊路（Rue du Faubourg Saint-Honoré）二十四號開設新賣場後，愛馬仕一躍成為法國上流階層，乃至俄羅斯尼古拉斯皇帝喜愛的馬具用品製造公司。愛馬仕長期生產鞭子、轡頭、馬具用品收納包、鞍座乳液、鞍座肥皂、騎馬服等各種馬具用品，後來還開發帶有馬嚼型銀飾的手鐲、首飾、圍巾等以馬為圖樣的多樣產品，擴大商品領域。

引進福特汽車技術的創新提包

為適應時代變化和旅行空間的擴張，持續實踐革新的愛馬仕積極應對二十世紀大眾化汽車帶來的革命性變化。愛馬仕第三代經營者埃米爾－莫里斯・愛馬仕（Émile-Maurice Hermès）在第一次世界大戰時，為了購買製造法國騎兵隊馬鞍的皮革而出差前往美國、加拿大，當時他就感受到即將到來的技術革命的巨大浪潮。特別是參觀福特汽車工廠後，他切實感受到福特主義（Fordism）的威力，確信馬車的時代會過去，汽車時代將到來。

他將美國旅行時看到的汽車拉鍊貼在提包上，一九二三年在法國首次推出帶有拉鍊的旅行包。愛馬仕事先聯絡擁有拉鍊專利權的美國人喬治・愛德華・弗倫蒂斯（George Edward Prentice），取得拉鍊使用權，遂得以在法國獨家生產以拉鍊開關的劃時代皮包。

開發當時曾設計出放置體育用品的旅行包「布加迪包」（Bugatti bag），一九八二年左右，更與法國頂級跑車「布加迪」（Bugatti）品牌結盟，加強「適合汽車運輸用的旅行包」形象。最終，愛馬仕成功適應汽車時代，進化成為生產各種汽車旅行相關物品的公司。

象徵愛馬仕的另一圖像，源自海洋上來往的交通工具船隻。「Chaîne D'Ancre」在法語中意為「錨鍊」，以展現愛馬仕經典洗鍊感的設計而聞名。以家族女婿身分參與愛馬仕經營的羅伯・杜馬（Robert Dumas），嗜好是收集奇石，喜歡探索江河海洋，培養出敏銳的觀察力。曾經夢想成為建築師的他，為愛馬仕的設計革新和品牌再創做出巨大貢獻。愛馬仕的錨鏈以橫渡大西洋的客輪為圖樣，強化了「旅行」的形象，讓人聯想起海洋的氣味，一九三八年，杜馬在海邊碼頭附近散步時，看到連結船隻的錨和鐵鏈後獲得靈感，成為製作珠寶飾品錨鍊設計的源由。錨鍊設計也運用在皮包、絲巾、居家用品系列鍊，現已根植為愛馬仕固有的象徵。

榮登愛馬仕第四任總裁的羅伯・杜馬，從軍人將地圖印在布上作為手帕使用發想，開發出絲巾「Carré」。「Carré」在法語中意為「正方形」，在以絲綢技工眾多著稱的里昂（Lyon）地區的工廠，開始生產長寬各九十公分的正方形女性絲巾。愛馬仕的第一款方巾是印有公共馬車此一新型大眾交通工具的繽紛華麗絲巾。一九三七年，為紀念馬德琳（Madeleine）和巴士底（Bastille）之間的公車路線開通而製作的「女士與巴士」（Jeux Des Omnibus Et Dames Blanches）（譯註11），既發揮主動反映時代變遷的愛馬仕精神，又透過方巾宣傳公車這項新型大眾交通工具，似有一箭雙鵰的效果。

打造「愛馬仕巴黎」的旅行和地理的力量

愛馬仕以上流階層為客層的馬具用品品牌起家，歷經馬匹與馬車的時代、汽車的時代，乃至飛機的時代，一直維持頂級昂貴精品的品牌聲譽。成功適應世界變化和技術革

譯註11：這款方巾最常用的譯名為「女士與巴士」，不過法文原文的直譯譯名應為：「公共馬車與白夫人輪盤遊戲」。一八二八年在巴黎開通的公共馬車，由來自南特（Nantes）的「公共馬車公司」（Entreprise Générale des Omnibus）和「白夫人公司」（Entreprise Générale des Dames Blanches）攜手合作，一八三二年推出的「公共馬車與白夫人輪盤遊戲」就是向這兩家公司致敬，也成為愛馬仕第一款方巾的靈感來源。

帶給愛馬仕靈感的畫家阿爾弗雷德・德・德勒（Alfred de Dreux）畫作《黑牝馬上的馬術師克卜勒》（L'ecuyere Kippler sur sa jument noire black）

由馬匹、馬車、騎士組成的愛馬仕標誌中，蘊含著重視旅行與地理的創業者精神。

新的愛馬仕以品質自豪，十分珍視其品牌價值。愛馬仕不屈服於工廠的大量生產體制，始終堅持傳統的手工藝作業和少量生產原則，被評價為「在眾多精品名牌企業中，如寶石一般的品牌」。最近愛馬仕還為了守護經營權而成立控股公司，避免全球精品大企業「路威酩軒集團」（LVMH）的搶奪。愛馬仕的標誌由「巴黎」（Paris）城市名與馬匹、馬車、騎士構成，蘊含著不忘創業者精神遺產的堅定意志。

愛馬仕前總裁派屈克·湯馬仕（Patrick Thomas）在接受《金融時報》採訪時表示：「我們不只是愛馬仕，還是『愛馬仕巴黎』。愛馬仕產品的八五%為法國製。剩下的十五%是由能夠生產出最高品質之地（如手錶在瑞士）製造。」以此強調「生產地的地理」。一九八七年，愛馬仕紀念一百五十週年，與室內建築師雷娜．杜馬（Lena Dumas）、彼得．柯爾（Peter Coles）攜手發表《Pippa》系列產品，同時說明這是為了體現愛馬仕持續追求「旅行」主題的理想，所以推出符合游牧民族生活方式的摺疊式傢俱。此外，愛馬仕每年在訂定新主題和設定自身目標的過程中，往往會自由運用各種地理想像力，如採用義大利北部的科莫湖（Lake Como）或阿爾卑斯山雪原的風景為背景等。

愛馬仕不管去哪裡，都會探索產品革新的靈感，積極回應新的環境與市場變化。愛馬仕的「柏金包」也是在旅行中誕生的。據說，尚．路易．杜馬．愛馬仕在一九八四年搭飛機旅行途中，恰巧旁邊坐著長居法國的英國歌手珍．柏金（Jane Birkin），從而在交談中獲得開發柏金包的靈感。繼創始人蒂埃里．愛馬仕之後，家族企業愛馬仕延續達六代的力量，豈非源自嚴格的品質標準，以及重視「旅行」和「地理」的企業文化？

12

與旅行歷史同行的路易威登

世界是一本書，
不旅行的人只讀那本書的一頁。

——聖奧古斯丁（Saint Augustine），哲學家暨思想家

在時逢動亂的一八二一年，路易．威登（Louis Vuitton）出生於法國南部弗朗什孔泰（Franche-Comté）鄰近瑞士的邊境地區。他出身自世代從事傢俱製作銷售的家庭，所以從父親那裡學到處理木材的方法。母親去世後，這位少年經常遭到繼母虐待，十四歲那年，他身無分文離家出走。據說，從故鄉到巴黎的四百公里路程，他幾乎走了兩年的時間。途中聽說有地方需要人手，他就幫忙打零工，一併解決食宿，在這一路上學習人生，從此打下事業的基礎。一八三七年，少年威登在馬德琳區附近擔任製作包裝箱的見習生，正在展開社會生活之際，巴黎聖日耳曼鐵路線（Chemin de Fer de Paris À

Saint-Germain）（譯註12）開通。旅行方式從驛站馬車變成鐵路，交通運輸的革新創造新的市場。當時迅速抓住新市場需求，將旅行包化為流行而飆速成長的精品名牌企業，正是路易威登。

超越巴黎，抓住歐洲貴婦芳心的祕訣

十九世紀以前，歐洲上流階層的女性幾乎不可能單獨自由行動。她們必須穿戴裝飾華麗的帽子、厚重無比的禮服，甚至得穿上在鯨魚骨與鋼芯外加襯寬面硬挺布料的內衣，其實，光是一套禮服，重量就超過十公斤。十九世紀中葉的巴黎，正是高級訂製服（haute couture）系列始祖英國設計師查爾斯·弗雷德里克·沃思（Charles Frederick Worth）的全盛時期，許多貴婦想穿他用上十五碼布製作的服裝，為了見他一面，甚至得有身分保證人。當時流行的時尚服裝是一種蓬鬆的內裡裙——層層相疊又笨重的襯裙（petticoat），所以貴婦人想去旅行時，需要收拾的行李量相當龐大。

一八五〇年代，隨著法國全境鐵路建設完成，長途旅行開始擴展，巴黎出現了新的職業。就是協助貴婦旅行的挑夫，特別需要能夠安全搬運華麗衣裳、帽子和配飾的人。

曾經成天為貴族打理行李的威登，以誠實的態度開始得到認可。拿破崙三世的夫人、西班牙出身的尤金妮皇后（Eugénie de Montijo）在收拾行李時，也一定會喚威登來。愈來愈多的貴族與富翁想委託可靠的他運送行李，威登一時人氣沖天。

一八五四年，威登受到尤金妮皇后的疾速支援，在芳登廣場（Place Vendôme）附近的卡普西納街（Rue Neuve des Capucines）四號開設自己的店鋪。這裡櫛比林立的是巴黎人引以為豪的歌劇院、頂級飯店、時裝商場和珠寶店等文化象徵，在此開設第一家店是絕佳的選址。當時，威登已經看清「到歐洲旅行的富裕英國人有能力大手筆購買高價的行李箱」，為了招攬英國顧客，他下了很大功夫。高傲的法國人會故意不說英語，堅持說法語，但威登不同。為了與闊綽的英美顧客順利溝通，威登將年幼的兒子喬治（Georges Ferréol Vuitton）送往位於多佛海峽附近之海峽群島（Channel Islands）的英國寄宿學校學習英語。此外，他也與來自英國的設計師查爾斯・弗雷德里克・沃思過從

譯註12：巴黎最早的郊區鐵路線。

甚密，利用與他的交情，確保更多的貴婦成為顧客。

當時，一般的行李箱使用圓弧頂蓋，不方便在馬車上整齊堆疊，威登設計出平頂蓋的行李箱，提高運輸效率。行李箱的材料也從原本的沉重皮革改成覆上銀灰色防水棉帆布的木材。一八七五年，為避免衣服起皺，他製作設有衣架和抽屜的服裝行李箱，一八七八年，他甚至為剛果探險家皮埃爾・薩沃尼昂・德・布拉薩（Pierre Savorgnan de Brazza）製作一打開就能架起床鋪的劃時代行李箱。此外，一八八五年，路易威登專門店在倫敦和紐約開設，為路易威登帝國向全世界擴張奠定基礎。

一九一二年，鐵達尼號沉沒，雖然這是一場巨大悲劇，卻使路易威登皮箱的卓越性能更廣為人知。事發當時，路易威登皮箱不僅防水完美，而且輕得浮上海面。後來，路易威登還曾宣傳總裁帶著路易威登皮箱，親赴突尼斯沙漠測試耐用性的場面等，形成路易威登皮箱在地球上任何環境下都能安全保管物品的形象。路易威登的歷史也與產品和服務革新一路同行，行李箱加設鎖扣，路易威登皮箱顯得更精緻，甚至贏得值得信賴的產品形象。

一八五九年，為了消化蜂擁而至的訂單，威登在巴黎西北近郊的阿涅勒（Asnières）

建造新工廠。阿涅勒曾是鐵路交通要衝，且臨塞納河畔，方便原始材料的進口和產品運輸。一樓有三十名工匠在製作行李箱，二樓則為威登一家實際生活的住處。

路易威登第三代加斯頓・威登（Gaston Vuitton）為開設新店，旅行至紐約、倫敦、尼斯等地，培養藝術眼光。此外，橫跨大西洋的定期渡輪、東方快車（Orient-Express）（譯註13）、金箭列車（Flèche d'Or）（譯註14）或藍色列車（Train Bleu）（譯註15）等新型列車一問世，他也會立即試乘。親身體驗新的交通方式，從中獲得新的事業創意和靈感，再直接應用於產品開發與設計。一九一四年，路易威登在巴黎香榭麗舍大道開設精品專賣店，以販售所有旅行相關產品聞名，至今該店前方仍貼有告示：「一八五四年創立於巴黎的行李箱製造商路易威登」。

一九四〇年，在第二次世界大戰漩渦中，路易威登依舊持續經營，戰爭結束之後，

譯註13：一八八三年起營運，自巴黎至伊斯坦堡橫貫歐洲的長程豪華列車。
譯註14：一九二六年推出，自巴黎至倫敦的豪華列車加渡輪服務。
譯註15：一八八六年起營運，自加萊經巴黎、里昂、馬賽至尼斯蔚藍海岸的豪華列車。

汽車旅行的時代來臨，路易威登開始製作軟質的小款皮包。一九六六年上市的「蝴蝶犬」（Papillon）圓筒包在日本大受歡迎，路易威登後來從一九七八年在日本東京、大阪開設專賣店，擴張至今在全世界有一百三十家專賣店。路易威登在中國等亞洲地區的銷售急遽攀升，現在除了法國之外，在西班牙、美國等地也設有工廠。

億萬富翁們的第一份工作是送報僮

據二〇一〇年八月二日美國《富比士》（Forbes）網站報導，美國億萬富翁們的第一份工作以送報僮居多，除此之外，加油站或商店等低薪打工也經常是他們的首度商業體驗。湯瑪斯・愛迪生（Thomas Ediso）、大衛・沙諾夫（David Sarnoff）、傑克・威爾許（Jack Welch）、華倫・巴菲特（Warren E. Buffett）、山姆・沃爾頓（Sam Walton）、蘋果公司的史帝夫・賈伯斯（Steve Jobs）和提姆・庫克（Tim Cook）等美國的代表性企業家，都曾在小時候送過報紙，培養出商業敏銳度。德懷特・艾森豪（Dwight D. Eisenhower）、馬丁・路德・金恩（Martin Luther King）、赫伯特・胡佛（Herbert C. Hoover）、華特・

迪士尼（Walt Disney）、約翰・韋恩（John Wayne）、湯姆・克魯斯（Tom Cruise）、大衛・湯瑪斯（David Thomas）等美國響噹噹的人物也是如此。世界最大證券公司「嘉信理財集團」的創辦人查爾斯・施瓦布（Charles Schwab），則是在故鄉薩克拉門托（Sacramento）經營核桃、雞蛋、雞肉生意，培養商業思維。

《報僮瑞恩：巴菲特讚不絕口的 29 個商業管理祕技》（*Rain: What a Paperboy Learned About Business*）一書中，作者說道：「送報紙是在寒冷暗巷裡學習的真實商業。」嚴寒冬天能夠先起身去玄關的話，任何事情都已經完成一半，不管是送報紙、發傳單、整理草坪、當保姆或洗車，愈早體驗憑一己之力賺錢愈好。

大宇集團的金宇中會長也曾經在小時候送過報紙，學做生意。年幼的送報僮很符合「堅韌不拔的企業家精神」。送報紙能夠培養收集最新情報的能力和空間感，甚至學習到責任感和經營技巧，著實是富翁養成的最有效早期教育。

這些改變世界的英雄們，從小開始憑著街頭智慧和地理學家思維探索花花世界，似乎在野外冒險的意願強烈。「鷹級童軍」（Eagle Scout）必須滿足苛刻的二十一項條件，而且發揮領導能力，只有極少數人能夠達到，據說僅僅四％的童軍能夠晉升鷹級。前總統傑拉德・福特（Gerald R. Ford）、前國務卿雷克斯・提勒森（Rex W. Tillerson）、麥克・彭博（Michael R. Bloomberg）、山姆・沃爾頓的共同點是皆為鷹級童軍出身，都擁有飛機駕駛員資格證。只在屋內讀書、只盯著電腦畫面的人，後來成為偉大領導者、創造性革新家的例子則是幾乎沒有。

13 Burberry和Gucci將戰爭轉化為機會

旅行是我的設計泉源。
透過旅行不斷肯定與接受文化的多樣性，帶給我無窮無盡的靈感。
——約翰・加利亞諾（John Galliano），英國時裝設計師

兩次世界大戰改變了生活許多部分，其中對於時尚的影響極為巨大。如果前述的愛馬仕和路易威登是配合交通工具或旅行的變化而走向革新，Burberry和Gucci則可謂是透過兩次世界大戰，抓住機會奠定了成長的基礎。

尤其，Burberry靠專為軍人和探險家設計的戰壕風衣（trench coat）起家。此一衣款象徵英國軍人不屈服於惡劣的自然環境，在戰場上騎馬勇往直前的堅韌戰鬥力與開拓者精神。王室領導人在戰爭中穿著戰壕風衣，時尚中蘊含著英國人不屈服於艱困險惡的環境，帶領戰爭朝向勝利的氣象。此外，Burberry也聚合了英國人在荒野自然環境中發

光發熱的地圖力、總是嚮往新世界與主導變化的開拓者精神，還有以地理學家思維生活的生活文化。

戰場開花的英式時尚精髓——Burberry

戰壕風衣被認為是邱吉爾、電影《北非諜影》（*Casablanca*）中的亨弗萊・鮑嘉（Humphrey Bogart）等蕭瑟秋日男人的象徵，而戰壕風衣的始祖是英國。在英國，除了短暫夏暑之外，天氣持續陰沉沉的，所以能夠擋風禦雨的功能性衣服是必需品，而樹立英國自尊心的戰壕風衣精髓，正是Burberry。一八九〇年，布商青年湯瑪斯・賓爾貝瑞（Thomas Burberry）推出嘎巴甸（gabardine，經絲使用羊毛、緯絲使用棉線編織的細密布料）材質的戰壕風衣，Burberry的歷史自此展開。

賓爾貝瑞是看到英國農夫工作服後得到靈感，用麻料製作的農夫工作服夏天涼爽，冬天暖和，而且防水性極佳。賓爾貝瑞用埃及進口的棉料密織，然後塗上特殊的防水塗層，將之命名為「嘎巴甸」，從此輕便又防水效果卓越的嘎巴甸，成為大受歡迎的外套材質。

第一次世界大戰爆發後，Burberry戰壕風衣成為戰場的必需品。風衣製作採用輕巧又防水性佳的新材質，取代不透氣又笨重的橡膠，不僅在戰爭中守護軍人的健康，也提高軍人的活動性，確實是一項革命性的改變。當時，聯軍的戰爭司令部向賓爾貝瑞訂購了五十萬件聯軍軍官穿著的風衣。以嘎巴甸材質製作的風衣，不僅防水防寒機能卓越，還添加了具戰場實用性的功能：繫上D字型環，就能隨身攜帶裝有手榴彈、地圖、彈藥筒的包包；肩部添加肩章，方便懸掛雙筒望遠鏡和防毒面具。此外，右胸部分再加一層布料，防止長槍的槍托（包括步槍在內的輕武器類中，槍身等其他擊發構造物附著的主體）磨損布料等，戰壕風衣的設計是為了適應戰時的情況。第二次世界大戰中帶領英國取得勝利的英雄邱吉爾首相，經常向媒體公開穿著風衣的模樣。

曾是英國王室時尚明星的愛德華七世（Edward VII），命令Burberry為英國王室製作的夾克與風衣，且正式交貨；一九五〇年喬治六世（George VI）請Burberry製作防寒衣等，英國王室對於Burberry的熱愛持續不斷。一九五五年，Burberry榮獲英國女王的品質保證書「王室保證」（Royal Warranty），成為代表英國的品牌而被列入牛津詞典。Burberry的創始人賓爾貝瑞如此表達身為Burberry匠人的驕傲與自豪：

「英國誕生的是民主主義、蘇格蘭威士忌和 Burberry 風衣。」特別是象徵乘馬騎士的 Burberry－珀松（Burberry Prorsum）標誌，展現了英國軍人風雨無阻的堅韌形象。

Burberry 戰壕風衣也挑戰極限自然環境的探險家們一起同行。一九一一年十二月十四日，首次成功進行南極探險的挪威探險家羅爾德·阿蒙森（Roald Amundsen）船長表示感謝說道，南極探險之所以能成功，全靠層層嘎巴甸製作的 Burberry 外套，才得以從頭覆蓋到腳，保護自己抵抗南極嚴寒。他還補充說明，為了讓同僚探險家羅伯特·史考特（Robert Falcon Scott）船長知道自己南極探險成功的事，他還特意將 Burberry 的嘎巴甸材質帳篷留在南極。阿蒙森後來拉雪橇去遠東地區探險時，也穿著 Burberry 的戰壕風衣。不僅探險家，船長、登山家、飛機駕駛員們也都很喜愛既擋風又輕便的 Burberry 戰壕風衣。一九一九年，首度飛越大西洋的約翰·阿爾科克爵士（Sir John Alcock）也穿著 Burberry，在飛行成功後特別向 Burberry 致謝。

戰爭結束後，進入一九五〇年代，戰壕風衣成為電影演員必備的時尚單品。羅伯特·泰勒（Robert Taylor）在與費雯·麗（Vivien Leigh）一同出演的電影《魂斷藍橋》（*Waterloo Bridge*）中，曾有穿著戰壕風衣在藍橋（滑鐵盧橋）上回想過去的場景；電影《午後七點零七分》（*Le Samouraï*）中的亞蘭·德倫（Alain Delon）、《鐵面無私》（*The Untouchables*）中的凱文·科斯納（Kevin Costner）、《狄克崔西》（*Dick Tracy*）中的華倫·比提（Warren Beatty）、《英雄本色》中的周潤發、電視影集《神探可倫坡》（*Columbo*）中的彼得·福克（Peter Falk）等眾多明星，皆身穿戰壕風衣躍上螢幕，為電影氛圍增色不少。《第凡內早餐》（*Breakfast at Tiffany's*）的奧黛麗·赫本（Audrey Hepburn）以俏皮可愛的方式演繹戰壕風衣，一九七〇年代《克拉瑪對克拉瑪》（*Kramer vs. Kramer*）的梅莉·史翠普（Meryl Streep）和一九八〇年代《愛你九週半》（*9½ Weeks*）的金·貝辛格（Kim Basinger）也是穿搭戰壕風衣很好看的演員。

改變Gucci命運的旅行者DNA

最近在韓國年輕人之間流行「很Gucci」一詞，意思是「幹練、輕快、帥氣」。這意味著Gucci在韓國已經成功塑造出年輕、幹練的精品企業形象。

Gucci是古馳奧·古馳（Guccio Gucci）創立的義大利精品名牌，從義大利中部托斯卡納地區的佛羅倫斯（Firenze）開始發展。一八八一年，創始人古馳誕生於在佛羅倫斯經營草帽製造業的家庭。一八九七年，十六歲的古馳認為草帽產業沒有未來，遂前往當時全世界最發達的經濟中心英國首都倫敦。他在倫敦最昂貴奢華的薩沃伊酒店（Savoy Hotel）擔任五年的門僮，體驗到貴族和上流階層的喜好和奢華文化。

古馳迷上飯店貴客使用的皮革製頂級旅行包，一九〇二年，他返回故鄉，開始在名為法蘭奇（Franzi）的皮革工坊學習皮革工藝技術。古馳將在薩沃伊酒店工作時接觸到的英國貴族風格，結合以細膩皮革工藝聞名的義大利匠人技術，開始製作皮革製品。一九二一，他四十歲，在佛羅倫斯開了一家名為「Gucci」的皮革製品專賣店，銷售手套、靴子之類騎馬所需的時尚用品，這就是品牌的開始。

Gucci 憑著智慧，度過一九四〇年代義大利法西斯政權末期的經濟危機。第二次世界大戰如火如荼之際，義大利國內的所有物資都被戰爭徵用，國際聯盟對義大利發布出口禁令。產品主要材料金屬和皮革稀缺，後來古馳家的長子奧爾多・古馳（Aldo Gucci）以最大限度發揮地理想像力，找出替代品。他從戰爭同盟國日本進口竹子，使用竹製手柄的「竹節包」（Bamboo Bag）於焉誕生，或者他用那不勒斯出產的麻料，編織成小鑽型紋材質，製作旅行包。一九四七年，第二次世界大戰結束，但是戰敗國義大利的物資狀況仍然很差。加上許多義大利皮革企業倒閉，原料供應也受到影響。對此，奧爾多．古馳利用豚皮（Pigskin，像絨面革麂皮一樣輕巧柔軟的材質）取代一般牛皮的奇特創意，將戰爭危機化為轉機。

一九二二年四月八日，在義大利佛羅倫斯開設第一家專賣店的次年，古馳開始進行大規模宣傳。他以整版廣告告訴大家，結合上流階層流行最前沿時尚和義大利匠人手藝的皮革製品專賣店誕生，他運用的空間策略，則是將專賣店開在如倫敦薩沃伊酒店般富翁雲集的地方。Gucci大受歡迎，一九三七年得新設生產手提包、行李箱、手套、鞋子、皮帶等的工廠，又在三個兒子的協助之下，相繼在羅馬、米蘭等時尚中心地區開設專賣店，拓展業務。一九三八年，古馳在義大利時尚中心、全世界富豪經常光顧的購物勝地羅馬康多提大道（Via Condotti）開設第一家羅馬分店。一九五一年，借三子魯道夫．古馳（Rodolfo Gucci）之力在米蘭蒙特拿破崙大道（Via Monte Napoleone）五號開設Gucci專賣店。

一九五〇年代，名人造訪歷史悠久的羅馬康多提大道Gucci專賣店，或者在機場拎著Gucci皮包去旅行的模樣經過媒體不時大幅報導，大眾對於Gucci的信賴度和愛好度急劇上升。特別是一九五〇年代葛麗絲・凱莉（Grace Kelly）造訪羅馬專賣店，以及為一睹其丰采而蜂擁前來的人群照片，讓 Gucci 是義大利代表品牌的形象深植人心，Gucci 專賣店也成為去義大利羅馬必訪的觀光勝地。從當時 Gucci 的整版廣告可以看到，商品照片以義大利街頭為背景，照片上還加強標示出羅馬、佛羅倫斯等設有 Gucci 專賣店的義大利城市名，刺激大眾的地理想像力。

在義大利，歷史悠久的皮革工坊和優秀的匠人為數眾多，但由於家族文化特別保守，對於外部世界的關注不足。然而，Gucci 的經營層總是在關注旅行和移動的人，實際上，在對流行相當敏銳的紐約，Gucci 也是第一家進駐的義大利時尚品牌。美國繼英國之後，躍升為世界經濟中心，一九五三年，關

Gucci 的紋飾標誌上可見騎士雙手提旅行包的形象。

注美國的奧爾多・古馳在紐約五十八號街的薩沃伊廣場酒店（Savoy-Plaza Hotel）開設Gucci 專賣店，一九七七年又將位在美國加州比佛利山莊的 Gucci 專賣店進行大規模改裝。麗塔・海華斯（Rita Hayworth）、米高・肯恩（Sir Michael Caine）等好萊塢明星前來購買高價皮包和寢具，更使 Gucci 在美國鞏固了豪奢品牌的地位。如同十幾歲獨自去英國謀職、充滿進取精神的創業者一樣，Gucci 是擁有旅行者 DNA 的企業。實際上，為了強調重視旅行的 Gucci 文化，Gucci 特以雙手提旅行包的騎士形象作為紋飾（crest）標誌。

精品企業鍾愛馬兒嗎？

十三世紀在義大利出版的《馬術論》是當時的暢銷書，君王和騎士們會為求得好馬而費盡心思。文藝復興時期，歐洲的馭馬術非常發達，擁有廣闊平原農地的西班牙和法國，成長為與馬相關的產業中心。在十九世紀歐洲鐵路建成之前，想要旅行，必須要有馬。因為旅行移動，必須乘坐所謂的四輪馬車（coach）或親自騎馬。

馬和鞋子，都象徵自由的移動性。所以在愛馬仕、Burberry 等善用「街頭智慧」的精品企業標誌中，很容易見到馬的身影。當然，愛馬仕最初是以馬具用品品牌起家的企業。同樣地，Gucci 的皮革產品也像愛馬仕一樣，經常從騎馬中獲得靈感。尤其是將馬銜扣（horsebit）和馬蹬配品裝飾在皮革用品上的方式，是Gucci特有的象徵。Gucci的招牌產品馬銜扣樂福鞋（horsebit loafer），也是一九五三年從馬銜中獲得靈感而誕生的鞋子。下一章介紹的香奈兒，也是乘馬移動，抓住機會開拓自己的命運。

14 以地理想像力佔領世界的香奈兒

時尚不僅僅存在於衣服中。
晴朗的天空與街道、我們的想法、生活方式，處處都有時尚。

——可可・香奈兒，時尚設計師

強調纖腰翹臀的緊身束腹（corset），曾是西歐上流階層女性的必需品。在電影《亂世佳人》（*Gone with the Wind*）和 Netflix 網路劇《柏捷頓家族：名門韻事》（*Bridgerton*）中，皆有場面顯示女性愛美而強忍痛苦，穿著綳緊到難以呼吸的束腹。尤其是重視時尚的法國女性，連騎馬時要穿著蓬鬆長裙，因為女性穿著屬於男性的褲子，此舉本身被認為是毀壞秩序，反抗權威。實際上，在二十世紀初的法國，女性穿褲子，就能成為被警察帶走的理由。讓女性們得以脫下悶緊束腹、自由前往任何地方的人，不是革命家或政治家，而是一位如少年般剪短頭髮，勇敢穿上褲子的瘦削身材女性設計師——嘉柏麗・可可・香奈爾（Gabriel Coco Chanel）。

「馬兒」拯救孤兒院少女的命運

香奈兒出生於法國內陸的索米爾（Saumur）。歷史悠久馬術學校所在的索米爾，是培育馬場專家、普及馬匹相關技術的革新中心。不過，香奈兒的父親只是將物品裝上馬車兜售的趕集商販，成日在外奔波，母親曾患氣喘，從事洗衣工作，生下三女二子。身為二女兒的香奈兒不受關愛，連戶籍上的名字都寫錯，直到過二十歲發現才更正。母親經常咳嗽，呼吸急促，後來肺炎惡化，三十三歲的母親驟逝。親眼目睹母親死去的香奈兒，當時只有十二歲，父親把三個女兒託付給修女會經營的奧巴辛（Aubazine）孤兒院，隨即離開。

位於科雷茲河（Corrèze）丘陵上的奧巴辛，是一個幽靜雅緻的城市，香奈兒讀聖經，學針線，尋找心理上的安定。擁有悠久傳統與節制文化的奧巴辛修女院，讓十多歲的香奈兒留下深刻印象，線條簡約的黑色連身裙、將C疊置的簡單標誌等，在在反映她的修女院生活。後來，香奈兒修建可一覽一九二〇年代地中海美麗風景的山坡別墅「靜憩」

（La Pausa）時，還曾經委託建築師重現奧巴辛修女院的台階，顯見她非常珍視在修女院的回憶。

十八歲的香奈兒，離開修女院，轉到穆蘭（Moulins）的聖母院學校，恰巧穆蘭也是法國騎兵十師團駐紮的「馬之城」。香奈兒白天靠商店工作維持生計，晚上則運用曾為修女院合唱團員的唱歌經驗，挑戰穆蘭的夜晚舞台。在穆蘭服役的軍官與下士中，出身貴族或富裕的布爾喬亞資產階級的人為數不少，香奈兒身為歌手，人氣雖高，但收入不豐。疲憊生活猶如看不到盡頭的隧道，將她從中拯救出來的人是一位「愛馬的男人」。耶田．巴爾森（Etienne Balsan），他是一名專業馬術選手，也是闊綽的紡織企業家，他向香奈兒建議成為女騎士的機會。從學騎馬、搭火車到全國的賽馬場、與上流階層的人交往，香奈兒走向更廣大的世界。

為何香奈兒香水上寫著陌生地名？

香奈兒在巴爾森擁有的皇家城堡（Chateau de Royallieu）開始騎馬訓練。她穿著與男人一樣的褲裝騎士服，取代緊身束腹，兒鍛鍊肌肉，塑造出結實的身材。當時，法國女性戴的是裝飾重達三至四公斤的笨重帽子，而香奈兒親手製作輕巧簡單的帽子。周圍的朋友們稱讚香奈兒的品味，委託她製作相同的帽子。香奈兒厭倦被男人捧在掌心的無聊生活，她想在經濟上獨立，成為帽子設計師。然而，身為典型法國男人的巴爾森，無法理解香奈兒的夢想。他反問香奈兒，他自己會負起經濟責任，香奈兒只要與自己一起安然度日就好，為何非得卑微掙錢呢？

心灰意冷的香奈兒在庇里牛斯山騎馬時，遇到了貴人。英國的煤炭運輸業成功企業家亞瑟．鮑伊．卡佩爾（Arthur Boy Capel）與巴爾森不同，他了解香奈兒的熱情與才能。二十世紀法國女性的生活仍是渴望男性愛情的從屬存在，但英國女性更有進取心。尤其，在英國女性參政權運動從蘇格蘭、曼徹斯特等英國北部開始擴散到全國的時期，就讀英國私立學校的卡佩爾是一名女權主義者。卡佩爾從物質和精神上協助香奈兒實現夢想，一九一〇年一月，香奈兒終於在巴黎康朋街（Rue Cambon）二十一號掛上「香奈兒時尚」（Chanel Modes）的招牌。香奈兒樣式簡單的帽子，在巴黎的時尚人士之間大受歡迎，生意興隆。

卡佩爾是她的戀人、父親、老師、心靈導師。卡佩爾在香奈兒首次開設帽子店時，不僅提供財務協助，也為沒機會接受正式教育的她，開拓其視野與教養。他向香奈兒介紹尼采、伏爾泰等各式各樣的人文教養書，為她聯繫結交社交名人。卡佩爾也對東方文化很感興趣，地理想像力豐富，他讀印度的《薄伽梵歌》（*Bhagavad Gītā*），收集中國古董，尤其喜歡畫有花卉蝴蝶的中國風克羅曼多（Coromandel）漆面屏風。香奈兒將卡佩爾視為自己唯一摯愛的男人，一生無論去哪裡，都隨身帶著克羅曼多屏風。

他倆原本租在巴黎香榭麗舍花園附近公寓同居，一九一二年前往法國西北部海濱城市多維爾（Deauville）度假。當時，多維爾以集聚時尚潮流、擁有歷史悠久賽馬場的高級休憩地聞名，香奈兒在卡佩爾的建議和支持下，在多維爾繁華的貢多畢宏街（Rue Gontaut Biron）開設時裝精品店。她不僅製作和銷售帽子，還有水手服、騎士背心、用原為男性內衣布料製作的平織裙、連身裙等適合休憩地的舒適衣服，第一次世界大戰爆發後，香奈兒的事業大獲成功。當時由於戰爭，男性人力不足，代為進入職場的女性需要舒適的衣服，加上巴黎貴族們大舉逃往多維爾避難，香奈兒的衣服和帽子引發人氣旋風。

在一九一五年的戰爭炮火中，香奈兒再次大躍進。卡佩爾邀請香奈兒到南大西洋的高級度假城市比亞里茨（Biarritz），支援她開設精品店，歐洲各國的上流階層、西班牙、俄羅斯的王公貴族都熱愛她的時尚風格，香奈兒迅速成為代表法國，乃至代表歐洲的設計師。所以香奈兒最近新推出的香水名稱中，不僅有巴黎、威尼斯，還使用了比亞里茨、多維爾等陌生的地名。

五號香水體現香奈兒的地理想像力

一九一八年戰爭結束時，與卡佩爾一起回到巴黎的香奈兒，在近郊呂埃馬勒梅松（Rueil-Malmaison）建立家園。俯瞰巴黎全景的「米蘭居」（La Milanese）別墅附近公園裡有很多紫丁香和玫瑰。一九一九年九月，香奈兒擴建遷移至目前「香奈兒工坊」（Maison Channel）所在的康朋街三十一號，以企業家的身分乘勝前進。然而，她的愛情戰線突然烏雲密布。一九一九年十二月二十二日聖誕節前夕，卡佩爾遭逢交通事故驟逝。香奈兒受到巨大衝擊，絕望地說：「我失去了卡佩爾，我失去了一切。」她將整間房子裱貼黑色壁紙，窗簾、棉被、座椅都換成黑色，以示哀悼。

「如果因為愛情而悲傷痛苦，就化妝吧。塗上口紅，穿上適合自己的衣裳，繼續往前走。」這是蘊含香奈兒實際經驗的建議。香奈兒離開留有卡佩爾痕跡的熟悉空間，前往新地方旅行，這時身旁出現俄羅斯皇室出身的迪米特里大公爵（Grand Duke Dimitri）。他向香奈兒介紹俄羅斯皇室的調香師歐尼斯特．鮑（Ernest Beaux），後來香奈兒多次造訪生產香水原料的格拉斯（Grasse），請求製作類似「一千二百朵花束」的香水。香奈兒積極向調香師傳達她構思的新香水感覺，仔細梳理整個製作過程。從香奈兒獲得靈感的天才調香師，調出在普羅旺斯產茉莉花、依蘭、檀木、巴西零陵香豆之外，還融入巴黎玫瑰香、甚至北極香氣的香水。當時的女性

濃縮了香奈兒空間經驗與地理想像力的「香奈兒五號香水」

香水，一般只表現一種花香，但五號香水調和數十種不同的原料，散發出強烈的複合香氛。

從一號到二十四號開發樣品中，香奈兒選擇了幸運數字「五號」，在五月五日上市，香奈兒五號香水（Chanel No. 5）本身就是革新。實際上，香奈兒五號香水擁有多項「第一的紀錄」，香奈兒五號香水是首度使用人工香料、混合大量乙醛的香水，也是第一支以數字命名的香水。香水的八角形瓶蓋引自芳登廣場，瓶身則捨棄華麗浮雕，首度採用簡單的四方形設計。香奈兒五號香水被視為凝練迷人的「巴黎精髓」，二次世界大戰結束後，美國士兵

開設香奈兒首家專賣店的八角形芳登廣場。香奈兒用以作為香水瓶蓋和手錶的基本圖案。

們從歐洲歸國時，成為送禮給妻子和戀人的必購單品。尤其，美國演員瑪麗蓮夢露曾經透露：「我只穿香奈兒五號香水入睡。」這款香水因此更加聲名大噪。

五號香水，至今仍是追憶與想像香奈兒的媒介。香奈兒生前在早上走出麗池飯店時，門僮會致電香奈兒工作室，通知她即將上班，職員們在她的行經動線上噴灑五號香水，做好迎接她的準備。蘊含失戀痛苦與普羅旺斯慰藉的香奈兒香水，帶給她一生的經濟自由。此外，這款香水濃縮了香奈兒的地理想像力，擁有守護她摯愛空間的力量。穆爾（Mul）家族五代持有佩戈馬（Pegomas）農場，農場栽種的茉莉、鳶尾花、晚香玉、玫瑰、天竺葵，至今仍是香奈兒香水使用的原料。尤其，到了八至十月的茉莉花產季，採茉莉花的農民們每天一早就開始忙碌。一個人一天能夠採收的花朵超過二公斤（約一萬六千朵），交易價格比埃及、摩洛哥、印度產茉莉花貴數十倍以上。

二〇二一年五月五日，正是香奈兒五號香水上市一百週年的日子。即使到了今日，香奈兒五號香水每三十秒就賣出一瓶，是在全世界廣受喜愛的香水。受惠於香奈兒香水，格拉斯的傳統文化和農業景觀得以保存，農夫們的生活也持續下去，香奈兒的蝴蝶效應是現在進行式。雖然許多法國人貶低她的成績，但香奈兒提升巴黎形象，貢獻法國經濟的功勞不會消失。或許，比起一八二一年五月五日去世的拿破崙，香奈兒可能是更偉大的英雄。拿破崙的帝國終究無力崩潰，但香奈兒的香氛，只要有人喜愛、有人記得，香奈兒帝國就永遠存在。

蝴蝶與毛毛蟲，香奈兒服飾蘊涵的時尚哲學

無論去何種場所或情況，香奈兒擁有想像與設計出適當服裝的卓越能力。在日常的每一瞬間，在各式各樣的空間裡，她都能夠從中獲得作品的靈感，原因在於她總是深入觀察周圍的一切，不僅僅在旅行途中，坐在精品店附近的咖啡廳、走在街上時，她也會觀察遇到的人穿著什麼樣的衣服、生活是什麼樣的模式。「時尚是蝴蝶和毛毛蟲。」香奈兒如此定義道：「白天上班穿毛毛蟲衣，晚上穿蝴蝶衣。毛毛蟲風格是穿得舒適，蝴蝶風格是穿得楚楚可人。」這反映了她的時尚哲學，持續推出適合各種環境和狀況的服裝，有可在海邊或SPA度假村穿著的輕便衣裳，也有優雅華麗的晚禮服，拓展自己的時尚世界。

卡佩爾去世後，香奈兒必須獨自決定一切，克服一切，走出繭殼的她，從此展翅高

飛。她不僅活躍在時尚領域，也活躍在文化、藝術界的最前線，不斷拓展自己的世界。她與史特拉汶斯基、畢加索、達利、尚．考克多（Jean Cocteau）（譯註16）、尼金斯基（Vaslav Nijinsky）（譯註17）、達基列夫（Sergei Diaghilev）（譯註18）等當代頂級藝術家進行交流，而且贊助他們。香奈兒的時尚世界，同時也在她愛人們的推助之下持續擴張。例如，一九二〇年代初期，她與迪米特里大公爵交往時，香奈兒的時裝世界呈現俄羅斯風格。她推出刺繡色彩華麗的禮服、罩衫，仿俄羅斯農民長型工作襯衫（rubashka）的服裝，都受到好評。她也讓修長的俄羅斯模特們穿上毛皮大衣或帶毛外套走時裝秀，甚至親自設計俄羅斯芭蕾舞團的服裝。

富有的威斯敏斯特公爵（Duke of Westminster）出生於英國愛馬世家，小名是「本德爾」（Bendor），香奈兒與他交往時，曾在倫敦、威爾斯、蘇格蘭等地旅行，深刻

譯註16：法國詩人、小說家、劇作家、設計師、編劇、藝術家和導演。
譯註17：波蘭裔俄羅斯芭蕾舞者和編舞家。
譯註18：俄國藝術評論家、贊助人和俄羅斯芭蕾舞團創始人。

體驗英國的傳統文化。一九二〇年代中期，她用蘇格蘭產的斜紋軟呢製作外套（tweed jacket），或者在時裝秀上展示應用獵裝的設計，她還曾用公爵贈送的昂貴寶石製作時裝珠寶。香奈兒將獅子、大麥、小麥、山茶花、星星等各種動植物作成簡單的象徵物，用於時尚設計，特別是表現純白色山茶花的珍珠飾品，宛如香奈兒的標誌一般，至今仍被一再詮釋應用。

香奈兒的地理想像力未受限於歐洲，而是越洋過境走向世界。香奈兒的服裝，成為懷抱夢想女性的翅膀，猶如護身符般給予力量。尤其，在充滿開拓者精神的獨立美國女性之間，香奈兒獲得熱烈擁戴。一九三一年，美國電影製片人塞繆爾．戈德溫（Samuel Goldwyn）邀請她到好萊塢，香奈兒從繁忙日程中擠出空檔，登船前往美國。香奈兒乘坐為她特製的白色火車，從紐約橫貫美國到好萊塢，她接受記者採訪，宣傳自己的時尚世界，同時擴大人脈。在法國，女性依靠男人的經濟能力，不穿緊身禮服工作，才是美德，而在美國，眾多女性自己賺錢，為自己買衣服，對於香奈兒來說，這裡無疑是更具魅力的事業環境。

逆轉人生的指標人物，香奈兒的地圖力

一九三五年，香奈兒的昔日愛人保羅·伊里比（Paul Iribe）去世，又遇上如家人般深深信任的職員們發動罷工，香奈兒傷心不已，遂收起時尚事業。邱吉爾恰是威斯敏斯特公爵的至親，香奈兒與他們一起打獵和釣魚，陷入第二次世界大戰的漩渦中。她擔任情報員，以「時尚帽子」為行動代號，為英國與德國之間的和平協商，負起說服邱吉爾的任務，她也因為與比自己年輕的德軍軍官談戀愛，被認為私通外敵而遭到法國人民厭惡。第二次世界大戰結束後，復古風的時尚開始流行，自發重新穿上緊身束腹的法國女性愈來愈多。香奈兒對此大失所望，她期盼的是世界上所有女性都能穿著舒適服裝，自由移動，甚至曾經親自穿上自製衣裳，嘗試芭蕾舞者的動作做測試。尤其，她無法坐視自己建立的時尚帝國就這樣沒落。

年屆七十的香奈兒，原本往來於瑞士的幽靜城市與飯店之間，享受悠閒的隱退生活，現在決心重返巴黎時裝舞台。不過，她早已料到在祖國法國得不到好評，所以展開世界地圖，周密準備香奈兒帝國的復活。她向美國時裝界的熟人宣告自己的回歸，撰寫

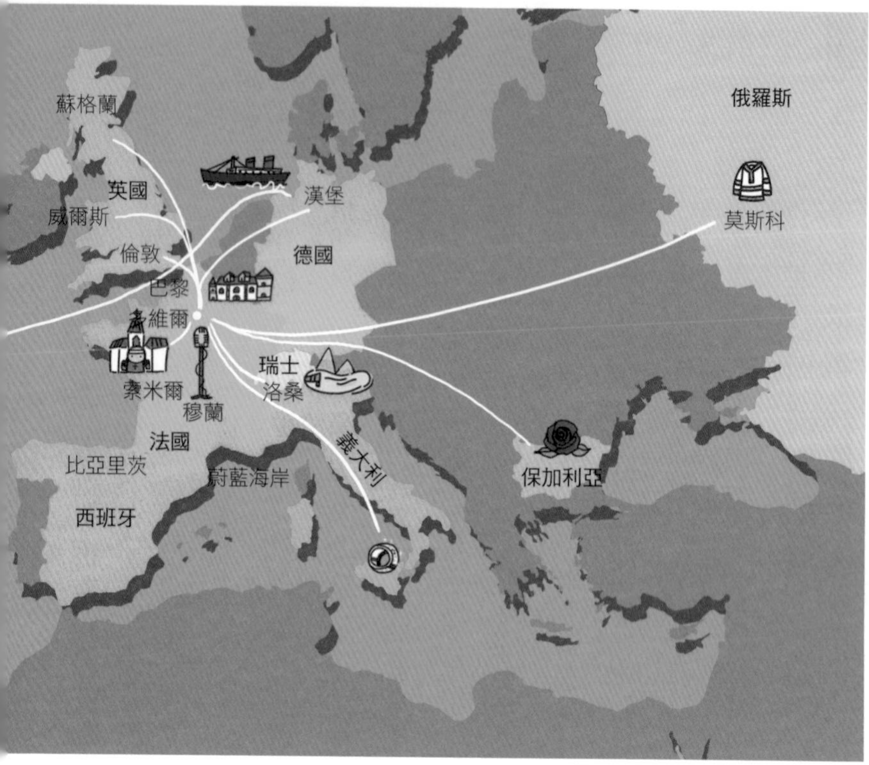

能夠吸引美國人的報導資料，事先發送媒體與時尚專業雜誌社。正如香奈兒所料，對於香奈兒回歸的消息，在法國惡評如潮，但美國時裝界卻讚不絕口。符合新時代精神的香奈兒設計，在美國大受歡迎，香奈兒華麗地東山再起。尤其，甘迺迪總統的夫人兼馬術選手賈桂琳是香奈兒的狂熱愛好者，甘迺迪總統在達拉斯遭暗殺當天，賈桂琳穿著的香奈兒粉紅斜紋軟呢，留給全世界的人深刻印象。年輕第一夫人穿著沾有死去丈夫鮮血的衣服，二十四小時沉著毅然應對的模樣，在全世界的電視台播出，而香奈兒為獨立堅韌女性設計服裝的形象香奈兒不屈服於自己的命運，締建了走向全世界的專屬時尚帝國。

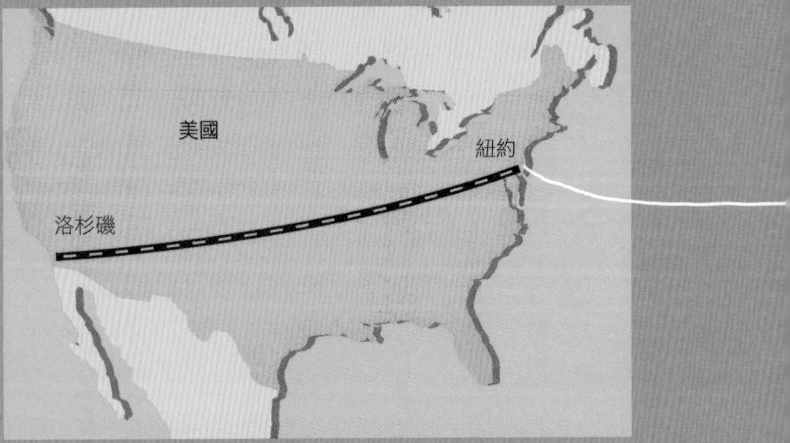

也隨之傳開。

香奈兒從英國男人卡佩爾身上首度學習到地圖力，開始關注房地產理財，成為逆轉人生的象徵。正如香奈兒所預測，現在來到女性在職場上必須穿著舒適簡練之高級服裝的世界。從索米爾到穆蘭，從巴黎到多維爾，從比亞里茨到英國，越過大西洋進軍美國的香奈兒，是充滿開拓者精神的設計師。她一直在開拓新世界，擴張自身的時尚帝國，即使在悲傷絕望的情況下也不氣餒。她展開地圖，尋找幸福空間，療癒傷口，將失戀化為成功的能量。香奈兒不受世人評價動搖，將幸福空間的回憶與喜愛的風景，原封不動融入自己的時尚設計中。

「過了二十世紀，法國將留下三個名字：戴高樂、畢加索和香奈兒。」法國小說家安德烈．馬爾羅（André Malraux）的預言應驗。香奈兒拿到的人生牌是最差的。孤兒出身，身材瘦削，依當時標準來看並非美女。在重視家族、血統且階級歧視嚴重的法國，香奈兒必然備受偏見折磨。然而，她不屈服於自己的命運，而是發揮地圖力，建立香奈兒帝國。二十一世紀，隨著世界經濟中心移往亞洲，香奈兒帝國也正在日本、韓國、中國迅速擴張。

曾是香奈兒最終居所的麗池飯店

香奈兒將在各式各樣場所獲得的靈感反映在時尚上，雖然在歐洲全境擁有房地產，但一直更換酒店，像遊牧民一樣生活。例外的是，她長期入住巴黎麗池飯店超過三十三年，對香奈兒來說，這裡就像家一樣。麗池酒店對一生未婚的香奈兒來說，有許多方便之處。飯店位於香奈兒精品店對面，可以節省通勤時間，而且二十四小時有服務人員在等候，處理緊急事情更便利。同時，這裡還是世界名流出入的空間，有助於維持服裝設計師的時尚敏感度，掌握最新潮流。她生前曾說過：「別把棺材蓋弄得太重。如果天上的天使要做衣服，就能馬上飛去。」可見她對工作的熱愛。對於沒有家人的她來說，時尚成為了子女、戀人、丈夫，是她呼吸活下來的理由。在沒有嗎啡就極度難以入睡的情況下，她還是繼續製作衣服。

一九七一年某個星期日，八十七歲的香奈兒在麗池飯店房間的床上說道：「原來死亡就是這樣啊。」然後靜靜闔上眼睛。香奈兒用乾癟的雙手準備時裝秀直到生命的最後一天。她說：「我成功的祕訣在於不斷努力工作。我拚命到一天工作結束後，手就會浮腫，甚至僵硬。不管是什麼事，我從來不會隨便做一做。」對於香奈兒而言，生命的最後一個空間——麗池飯店，像野戰營一樣，她就相當於孤苦戰鬥一生的老兵，最後在戰場上壯烈犧牲。

「最勇敢的行為是只為自己想。」如此理直氣壯大聲疾呼的香奈兒，忠於自己的慾望和感情。為了成為無可取代的人，香奈兒一直認為應該有所改變，所以一直努力成為自己。不看別人的眼色，不受時代潮流左右，製作自己想要的服裝與物品，創作反映自己喜好的作品。尤其，她為女性帶來移動自由，製作女性得以在多重場合穿著的衣服，擴張時尚領域，證明了自己的存在價值。「思想與表達的自由」、「移動自由」不僅是支撐民主市民社會的支柱，也是二十一世紀個人生存和創造財富過程中的核心價值。吉姆．羅傑斯建議，如果想賺大錢，就不要聽任何人的話，要「用自己的眼光培養投資感」。[01]賈克．阿塔利也一直在書中強調，想要在急劇變化的環境中生存下去，最重要的是「成為自己」。[02]

穿著香奈兒設計的衣服，噴香奈兒香水，不會立刻變成精品名牌。如果想要像香奈兒一樣努力工作、功成名遂，應該在百貨公司商場和精品名牌店之外，先自由探索多采多姿的世界，不是嗎？因為成功的機會，就隱藏在咖啡館、街道、圖書館、藍天、移動的公車、我們呼吸生活的一切空間裡。

香奈兒帝國的接班人卡爾．拉格斐

香奈兒死後，蝴蝶效應仍在繼續發酵。有趣的是，香奈兒帝國的接班人卡爾．拉格斐（Karl Lagerfeld）也是不亞於香奈兒的旅行狂，對房地產同樣有其獨到見解。拉格斐出身於德國港口城漢堡，他在歐洲各地擁有房地產，算是擴大與鞏固香奈兒時尚帝國的一等功臣。

拉格斐曾經徹底分析香奈兒的生活與空間經驗，積極運用在時裝秀上。其實，香奈兒時裝秀的背景經常重現「靜憩」別墅、麗池飯店、遊艇等香奈兒喜愛的空間、從中獲得靈感的場所。

15 麥當勞創辦人的地圖力

若要理解現在，展望未來，
應該盡可能到現場走一走。

——羅柏・卡普蘭（Robert D. Kaplan），美國新聞工作者

眾所皆知，麥當勞創始人雷・克洛克（Ray Kroc）在銷售攪拌機時，命運般地遇上麥當勞兄弟的漢堡店。克洛克當時五十二歲，患有風溼症和糖尿病，而且瀕臨破產。他接到店家一口氣訂購八台奶昔用攪拌機的電話，很好奇這家餐飲店生意如此之好的祕訣。他立刻拿出地圖，找到送貨地點「聖貝納迪諾」（San Bernardino）的地名，買好飛往最鄰近大城市洛杉磯的夜間機票。第二天早上，他下洛杉磯機場，驅車向東前往現場，親自確認消費者的熱烈反應。克洛克被漢堡的絕佳美味迷住，夢想將麥當勞兄弟建構的高效工作動線系統化，使之成為世界級的連鎖店。最終，麥當勞在全世界擁有約三

萬間分店，成長為每日訪客相當於韓國人口五千萬名的龐大帝國。

克洛克年輕時，為尋找能夠銷售紙杯、攪拌機的新市場，一直在棒球場、動物園、海邊、賽馬場等各種現場奔波。三十多年來，他曾擔任營業員、管理者，像毛毛蟲一樣辛苦穿梭在街頭之間，積累內功，最後才幸運遇到麥當勞，像蝴蝶一樣展翅高飛。

展店成功的關鍵——「單調指數」

分店選址和店面開發是麥當勞成長的核心課題。克洛克會親自去看候選地點。據說，他找到有潛力的用地後，會開車在周遭兜來兜去，進入小區酒吧或超市，觀察店家是否與人們打成一片，以及人來人往的情況。他回顧道：「尋找能從空無一物的空地躍升為一年銷售額達一百萬美元的分店用地，這項工作需要高度創意，同時也是予人最大成就感的事。」

當時，麥當勞的職員們提出「單調指數」（The Monotony Index）的創意。「社區的單調指數愈高，麥當勞事業成功的可能性就愈大。」這項假設是一種逆向思維策略。在商店和餐廳已經滿街林立的大城市，麥當勞只是數千種選擇之一，但若是週末無事可做，不知如何打發閒暇時間的地方，人們只能湧向麥當勞。餐飲業界冷落的地區、高速公路或購物中心錯過的地區，單調指數特別高，所以成為麥當勞集中力道之處。

尤其，克洛克在芝加哥市中心展店後，開心得掩飾不住興奮之情。因為他終於回到長久以來穿梭活躍的舞台，算是一種衣錦還鄉。實際上，他對芝加哥市內店鋪的所有位置、送貨路線、甚至行人信號燈種類，一一瞭若指掌。各商圈的房東是誰、承租人是誰、租賃期限還剩多久，他也都一清二楚。他在這個地區銷售了三十五年的紙杯和多功能攪拌機，不知道才反而奇怪。[03]

雖然芝加哥總部有專為調查房地產而研發的電腦程式，但他認為惟有親赴現場，才能準確預測門市成功的可能性。當時超過四千家分店，他都放在腦子裡，而且為了不失去房地產感，依舊持續更新最新資訊。在哪個地區有何種類型的門市，加盟店主是誰，銷售額達到多少，問題是什麼，他腦海中的地圖上都會標明。

克洛克以麥當勞門市選址精準如神聞名，備有公司專機的克洛克，先在上空以教會十字架和學校為中心掌握大局，然後著陸立即展開現場調查。後來，他又加購五架直升機，飛到飛機到不了的地區尋找新用地，於是麥當勞的規模迅速擴張。一九八五年，麥當勞年度報告中出現「太陽每天又在另一家麥當勞上升起」的敘述。實際上，在高速公路休息站、軍事基地、購物中心、遊樂園等意想不到的地方，陸續建起麥當勞金色拱形的標誌。

克洛克比任何人都了解選址的重要性，直到去世之前，他一直在尋找新的用地。雖然在飲食和料理方面，他是門外漢，但身為連鎖企業的執行長，克洛克總是強調，電腦或統計無法取代人的事業。04「雖然有人在美國地圖上用圖釘標記加盟店，但我沒有這樣的地圖。因為在我的腦海裡，有一幅更詳細、更精確的地圖。」

拿著地圖開拓美國命運的英雄們

隨著麥當勞取得巨大成功，附近類似的速食店往往如雨後春筍般出現。如果克洛克經過仔細的現場調查，找到適合的門市選址，很多厚臉皮的人就想分一杯羹。甚至，曾有競爭對手派間諜入麥當勞門市竊取營業手冊，然而，他們只是模仿而已，無法獲得成功。反之，克洛克曾經為了揭開競爭公司的營業祕密，不惜在凌晨兩點翻遍競爭企業的垃圾桶。「權力應該盡可能放在最低的層級。」此一信念強烈的克洛克說道：「如果真有心為顧客提供更好的服務，當然應該知道門市的地下室長什麼樣，通往門市的巷子如何延伸，才有辦法向顧客提出更好的庫存或外送方法。我一直都是這樣做的，如此詳細的空間資訊和地理知識，對麥當勞的成功有莫大幫助。」[05]

克洛克經常為關節炎引起的骨盆疼痛所苦，但直到生命的盡頭，他都堅守在現場。他說，自己想做的事，是舒適坐在安樂椅上無法實現的。[06]他斷定真正的知識不在學校，拒絕向大學捐款。他鄙視假知識分子，認為大學畢業生太多，而肉舖老闆太少。

雖然他不向大學捐款，但克洛克還

雷・克洛克將詳細的空間資訊和地理知識視為麥當勞成功的祕訣。

是榮獲一九七七年達特茅斯學院（Dartmouth College）的名譽博士學位提名。他們將授予克洛克名譽博士學位的原因說明如下：

「您一直是夢想家。不過，在全世界生產數百萬個漢堡與薯條的四千多家麥當勞門市，已經超越您最偉大的夢想。您創建了史無前例的美國式企業。今日的學生選擇大學，一定要先確認三項必備要素：優秀的教授群、良好的圖書館，還有麥當勞門市是否近在咫尺。」

作家湯姆．羅賓斯（Tom Robbins）在《君子雜誌》（*Esquire*）中如此說明麥當勞的社會影響力：「哥倫布發現美國，傑弗遜建立美國，林肯整合美國，戈德溫創造神話，還有，克洛克以大麥克征服美國。」這樣看來，哥倫布、傑弗遜、克洛克……他們都是拿著地圖在新大陸實現自己夢想的人物。

16 將所有賣場變身為「人工智慧工廠」的沃爾瑪

樂觀主義者隨時隨地看到綠燈，
悲觀主義者只看到紅燈。真正有智慧的人是色盲。
——阿爾伯特．史懷哲（Albert Schweitzer），法國醫生暨思想家

美國最大量販店「沃爾瑪」的歷史，始自經濟落後的美國中部。創始人山姆．沃爾頓在一九一八年三月二十九日出生於奧克拉荷馬州金菲舍（Kingfisher）郡。童年在經濟大恐慌時期度過的他，如何成為美國夢的化身呢？

沃爾頓從七歲起開始推銷雜誌訂閱，從十幾歲到大學為止，憑著送報紙籌措學費。十三歲時，他成為鷹級童軍，這是會看地圖探索陌生環境才能得到的榮譽。一九三六年

秋天，他進入密蘇里大學，後來被封為「神出鬼沒沃爾頓」，這是他在匆忙之際還能精準遞送報紙，所以得來此一綽號盛名。07

一九四〇年，他獲得經濟學學士學位，然後在愛荷華州德梅因（Des Moines）的傑西潘尼（J. C. Penney）公司擔任月薪七十五美元的見習職員。自一九四二年起三年間，他在美國陸軍情報局服役擔任上尉，管理飛機製造工廠，負責管理加州的戰俘收容所等，走遍美國各地，積累各種經驗。一九四三年，任軍職時結婚的妻子不適應頻頻搬家的生活，尤其不喜歡住在大城市，所以他決定在小城市定居。用借自岳父的兩萬美元創立自己的商店，這時他二十七歲。他的首度創業始於一家原由巴特勒兄弟公司（Butler Brothers）經營的班富蘭克林商會（Ben Franklin）加盟店，一九四五年九月一日，該店在阿肯色州棉織品生產地紐波特（Newport）開幕，僅僅四年就成為阿肯色州業績最好的加盟店。

山姆・沃爾頓洞察美國地理特性的空間策略

沃爾頓的成功背景與克洛克一樣，皆來自腳踏實地的勤奮。他不是只坐在位子上盯著文件看，而會親自跑現場收集情報和資料。在商店開業之前，先到對街的競爭商店取得市場情報，充分利用能夠適用於自家商店的良好系統和資訊。在居民人數不到一萬人的紐波特，本頓維爾（Bentonville）只不過是人口寥寥三百人的「憂鬱鄉村」，但沃爾頓一家人挽起袖子經營賣場。這是對誠實勤奮的獎勵嗎？兩年後，沃爾頓在附近的費耶特維爾（Fayetteville）開設了第二家廉價雜貨店，而且取得成功。

一九五一年三月，他在阿肯色州的靜謐小鎮本頓維爾開設廉價雜貨店，十一年後，沃爾頓得以開設第一家沃爾瑪連鎖店。一九六二年，沃爾頓創建沃爾瑪時，已經在阿肯色州、堪薩斯州和密蘇里州經營十六間加盟店。他經營廉價雜貨店，知道小規模地區居民的劣勢消費環境是藍海。購買相同的東西，小規模地區居民得支付比大城市居民更貴的價格。究其原因，不僅遠距移動的運輸費負擔重，地方商人也沒有能力像大城市一樣低價進貨。他看清以低價提供優質商品是成功的核心，所以代替顧客走遍美國各地。他的目標是直接向製造商購買商品，再以批量零售的方式銷售，也就是大型量販店的模式。

為了巡視四散各地的分店，他甚至準備私人飛機，還取得飛行員證照。沃爾頓樂於自駕飛機，但他令人提心吊膽的飛行方式，往往讓同行者忐忑不安。他以尋找降落機場為藉口，盡可能靠近地面低空飛行，努力想要仔細掌握現場氛圍。一有空檔，沃爾頓就會駕飛機穿梭全國各地，敏銳地強化空間感，從不倉促決定選址。不同於危險的駕駛飛機習慣，他對房地產投資總是慎之又慎。

街頭智慧沒有「摩天大樓詛咒」（譯註19）

與其他企業家不同之處在於，他辨識好店址的卓越眼光，不亞於看中好商品的眼光。[08]這項能力源於他從小送報紙就熟悉的地圖力，以及駕駛卡車和飛機獲得的空間決策能力。沃爾頓熟諳美國地理特性，能夠做出正確的空間策略。從小城市開始精簡，積累內功，遇上不景氣中也不受影響，反而蛻變為成長更快速的企業。

譯註19：德意志銀行分析師安德魯・勞倫斯（Andrew Lawrence）於一九九九年首度提出「摩天大樓詛咒」（skyscraper curse），他發現經濟衰退或股市暴跌往往都發生在摩天大樓完工的前後，也就是每當一座摩天大樓建造之時，就處於經濟的過熱時期；而每當一座摩天大樓建成之日，即來到經濟的衰退之時。

沃爾頓的目標總是在改變他人的生活。小時候經歷貧困的他，將提高窮人的生活水平視為使命。他認為自己在總公司的時間愈少，對公司愈有利，所以待在現場聆聽工作人員和經理說話，向他們傳達自己的經驗與智慧，分享需要改善的事項，幾乎就是在賣場生活。

他每週造訪賣場三、四次，至少一年會走遍所有賣場一回。他在私人飛機上調整日程，總是過著遊牧民族的生活，在街頭度過一天大部分的時間。[09]每週六的會議上，他會檢查每家門市的當週銷售數據，不忘參考地圖，回顧賣場情況、具體現場情況。沃爾瑪的主管們會分享各地的現場情況，集思廣益，共同制定沃爾瑪的整體策略。沃爾頓以身作則走遍現場，其他主管或職員也只能時時刻刻保持警醒。建造華麗的總公司，或者舒適在主管辦公室裡浪費時間，諸如此類的官僚主義無法在沃爾瑪立足。沃爾瑪之所以能夠與其他流通企業保持無法超越的差距，祕訣就在於「街頭智慧」精神。

新冠肺炎疫情中創下史上最高銷售紀錄的祕訣

沃爾瑪成功的另一祕密，則是超前領先的空間哲學，即立足於地理的經營策略。沃爾瑪比主要競爭公司更快設置電腦，實現物流管理自動化，這也是重要的成功因素。[10]一名從沃爾瑪卡車運輸中心督導升到總經理的李．史考特（Lee Scott），是身經百戰的物流專家。由於運輸、分配、尖端技術等決定性因素，沃爾瑪得以發展成為龐大組織，尤其是庫存量管理和有效的物流體系，可謂沃爾瑪與其他流通業者差異化的核心因素。[11]

沃爾頓認為，如果公司隨意浪費一美元，最終負擔將會轉嫁給消費者。反之，他相信如果沃爾瑪節省一美元，就能讓消費者幸福，而且沃爾瑪也在競爭中領先一步。一九九二年三月五日，七十四歲的沃爾頓生命結束時，已成為繼汶萊國王之後世界上排名第二的富翁。

沃爾瑪成立於一九六九年，迅速看出以百貨公司為中心的零售流通產業，將徹底轉型為量販零售店。沃爾瑪利用自一九七〇年代正好颳起的資訊科技風潮，徹底觀察顧客的喜好，再根據地理資訊，從基礎鞏固空間策略。自一九七九年起，沃爾瑪在美國全境建立「資料倉庫」，將各類商品做好庫存管理和配送電腦化；一九八七年，雖然當時還沒有網路，沃爾瑪先引進人造衛星，從此總公司建立可以直接追蹤庫存與銷售，與賣場即時通訊的體制。

沃爾瑪很早就關注空間戰略，也很快就搭上人工智慧革命，沃爾瑪的策略以「全面人工智慧」策略和線上－實體的連結為核心。如果說沃爾瑪的最大競爭對手亞馬遜將重心放在線上購物，那麼沃爾瑪則以全美四千七百多個賣場為據點，展開連結數位與人工智慧的策略。由於九〇％的顧客居住在十英里（約十六公里）內，所以可以充分利用將實體賣場與數位直接連結的環境條件優點，導入在顧客指定時間內配送產品的服務。沃爾瑪利用優勢，開啟將新鮮食品配送到顧客指定之處的「快速宅配服務」（Express Delivery），不僅商品庫存、配送用車輛、職員的出勤情況，連交通和氣象資訊也經由人工智慧分析後，計算出有效的配送路徑，構建出訂購後二小時內可以配送商品的系統。隨著運輸費大幅減少，常常得以推出比競爭對手亞馬遜更便宜的物品。

擁有大規模賣場與價格競爭力的沃爾瑪，集中投資網路和人工智慧，甚至壓倒亞馬遜。沃爾瑪利用人工智慧分析顧客資料，準確預測需求，將購買所需時間最小化。而且還將機器人投入物流中心，謀求倉庫內運輸作業的自動化。

同時，沃爾瑪在二〇二一年果斷進行革新，與無人駕駛卡車宅配企業「Gatik」合作，將無保安人員搭乘的一〇〇％無人駕駛卡車導入宅配作業。沃爾瑪計畫將分析由人工智慧技術收集到的大數據，動員機器人、物聯網、無人駕駛等所有技術，進入健康、金融業等領域，躍升為新的平台企業，建立具有類似養老院功能的沃爾瑪中心地區共同體。

據說沃爾瑪今後所有賣場都將稱為「人工智慧工廠」。從沃爾瑪二〇二〇年的帳目結算來看，銷售額比前年增加六．八%，達到五千五百九十一億美元，這是沃爾瑪的史上最高值。非科技類的傳統類企業之所以能夠運用如此精巧的人工智慧策略，背景其實有著創始人沃爾頓的空間哲學，將早已透析的地理力量發展成為企業的核心力量。

沃爾瑪總部離開本頓維爾的原因？

原本的原則如同沃爾頓的遺言：「別離開本頓維爾。」本頓維爾的辦公室租金在美國最便宜，生活費和平均工資也最低，正是實現沃爾瑪鐵公雞精神的最佳空間。不過，現今沃爾瑪的總部不在本頓維爾，也不在印度的邦加羅爾（Bengaluru），而是位在加州布里斯班（Brisbane）。這裡距離舊金山市中心十一公里，是世界上人事費用最昂貴的地方。這個例子也證明了在革新的世界裡，創意性和生產性比人事費或其他因素更重要。一位不具名的職員透露，本頓維爾總部製作的網站設計過於土氣，在內部職員之間淪為笑柄後，沃爾瑪才奮起在矽谷附近設立沃爾瑪線上總部（Walmart.com）。

17

一兆韓元銷售神話——韓國星巴克的空間革命

我們要做的事，就是不斷保持好奇心，嘗試新的想法，得到新的印象。

——華特・佩特（Walter Pater），英國文學評論家

二〇一一年，星巴克（Starbucks）執行長霍華・舒茲（Howard Schultz）訪問韓國。他在德壽宮靜觀軒舉行的記者座談會上發表中長期策略為「將在五年內將韓國星巴克展店至兩倍以上，達門市七百家的規模」。靜觀軒意為「靜謐看望之空間」，一九〇〇年代初建於德壽宮內，據說這裡是宮內愛喝咖啡的高宗皇帝接待外交使節團之處。二〇二〇年十二月底，距離霍華・舒茲訪韓十年、星巴克進軍韓國市場二十一年，星巴克在韓國國內的門市數已逾一千五百家，達一千五百零三家。

以二〇二〇年九月底為基準，星巴克在全世界七十餘國營運約三萬三千家門市。第一名當然是美國，共有一萬五千三百二十八家門市，第二名是中國的四千七百零四家，第三名是加拿大的一千六百零三家。原本日本星巴克排名第四，但二〇二〇年被韓國超越，因此跌至第五位。繼排名第六的英國之後，星巴克在墨西哥、土耳其、印尼等地也奮力拚搏，除了發源地美國和加拿大之外，星巴克在韓、中、日三國都獨佔鰲頭。

最近中國的年輕人開始喜歡星巴克咖啡，門市激增。反觀日本星巴克，從一開始就陷入苦戰。即使像美國一樣，在行人多的市中心交叉路口開設星巴克門市，日本顧客也只是過門不入。這個例子顯示，如果選址未能反映消費者的空間喜好，星巴克咖啡再美味、內部裝潢氣氛再好，還是可能產生問題。

為何星巴克唯獨在韓國大獲成功？

不同於日本星巴克中間歷經各種試誤，韓國星巴克從一九九九年在梨花女子大學前開設一號店後，一直乘勝前進。那麼，為何星巴克唯獨在韓國大獲成功呢？韓國星巴克的成功背後，有一個善用地圖選址的特別組織，也就是門市開發團隊。韓國星巴克的門市開發團隊負責門市候選地點的發掘、門市租賃契約、裝潢設計及工程、設施的維護修繕等業務。由十名左右的合作夥伴負責門市開發，由每名合作夥伴每個月開設一間門市，每年開設十二間門市。

另一方面，這些被稱為「店面開發者」（Store Developer）的合作夥伴，大部分由專攻房地產、建築、室內裝潢、擁有各式各樣現場經驗的人才組成。星巴克門市百分之百採直營，從市場調查、門市發掘、核准、投資決定、裝潢工程到開業，至少需要六個月以上，門市開發團隊負責的新門市，大部分從開業初期起就成為創造收益的一級店面。

門市開發團隊最先著手的工作，就是製作星巴克全國開發計畫地圖。為了達成「一千家門市的任務」，他們展開全國地圖，調查所有可能開設星巴克門市的候選地點。首先在地圖上畫出全國的地鐵站和預定新設地鐵站，地鐵站共有八百三十個（首爾四百四十一個、釜山一百二十八個、大邱八十九個、大田二十二個、光州二十個等），連預定新設地鐵站也算進去的話，遠遠超過九百個站。

然後，根據地鐵站的規模，計算可開業的門市數，首爾地鐵站的長度較長，出口有八個以上，所以每站畫上四家假想門市，釜山則每站安排二家門市。如此一來，地鐵站周邊可以開設的門市數量達到兩千一百五十一個。以同樣的方式，每個公車站也考量其上下車率，計算追加具備開設門市條件的公車站。

此外，住民眾多的大型大廈也反映在地圖上，還有調查表演場地、電影院、運動設施、公園、觀光地、高速鐵道（KTX）、急行鐵道（GTX）、機場、航站樓、碼頭等人群聚集的場所，全部標記在地圖上，系統性圖式化後，挑選出四萬多個候選地點。包括板橋、東灘、金浦漢江、坡州雲井等根據政府主導之國土開發計畫而建設的新城市，全部包含在內，居住人口移動的路線也列入考慮。這些空間資訊經過徹底分析後，考量實際開發的執行時間，再將各年度門市開設計畫與地圖扣連，標示出來。

此後，根據各地區星巴克門市開發負責人的現場調查結果，決定開店的優先順序，調查選定地區的房源和新建物，縮小入駐候選地點的範圍。門市開發時，經過專家徹底的空間分析，根據市場調查結果與現場地理特性，選定合適的候選地點，所以失敗機率非常低。建物主人也對星巴克入駐很歡迎，因為星巴克門市一進駐，商場裡其他商店的銷售額也會增加，建築行情隨之上漲，產生「星巴克蝴蝶效應」。愈來愈多的人偏好有星巴克的地方，甚至出現「星商圈」的新造詞。由於星巴克的緣故，你在哪裡喝咖啡（You are where you drink），變得比喝什麼咖啡更重要。

創造第三空間，展望第三世界

歐美國家仍然有人對猶太人持有偏見或負面評價，視之為「見錢眼開的冷血鬼」。但猶太人並非全都是成功的富翁。在猶太人家庭中長大的舒茲，小時候住在紐約貧民窟的狹窄公寓裡。他的父親是一名卡車司機，負傷卻未能好好接受治療。聽著父親成日埋怨病體與世事，舒茲度過憂鬱沉悶的成長期，他想擺脫貧窮的家庭環境，整天徘徊街頭，幾乎等於生活在社區的籃球場，最後憑著體育專長，勉強進入大學。

舒茲在義大利出差時，偶然路經有著溫暖家庭式氛圍的義式濃縮咖啡酒吧，他想在冷漠的美國大城市街道上重現那股氛圍，這成為他的夢想，也是驅使他的原動力。濃郁的咖啡芬芳，柔醇的拿鐵咖啡，給人無比幸福的感覺，舒適度佳的椅子，讓疲憊的身軀能夠充分休息，將星巴克門市打造成這樣的空間是舒茲的一貫理念。現在，全世界的星巴克門市不侷限於單純喝咖啡的空間，而是進化成為家與職場之間的溫暖第三空間。星巴克的成功祕訣，可不是咖啡的美味，加上喝咖啡的空間帶來的溫暖舒適氛圍嗎？實際上，星巴克有時成為窮學生的讀書室，有時又是作家的寫作室。對於下班的上班族來說，這裡也是回家之前緩解一整天辛苦疲勞的休息空間。對於家裡狹小而無法招待朋友的人來說，星巴克成為與朋友熱烈對話的客廳。生意人貪的不是只有單純的咖啡大賣，創業者真心希望星巴克門市能夠昇華為溫暖的第三空間，就像自己兒時的籃球場一樣。

那麼，星巴克創始人舒茲個人最喜歡的咖啡豆，究竟產自哪一個國家？「爪哇島、蘇拉威西島，以及熟成蘇門答臘的相遇，如人魚之歌般魅惑的泥土芬芳和辛辣風味」二〇二一年慶祝星巴克五十週年上市，這款魅力十足的週年紀念咖啡（Anniversary Blend）有其線索。雖然我們只熟悉中南美洲咖啡，但真正的高級精品咖啡（specialty coffee）主要來自印尼，來自別名為「密密麻麻鑲在赤道上的寶石項鍊」的這個國家。

此前，為了維持阿拉比卡咖啡豆的品質，星巴克都是直接向種植咖啡的農夫直接購買原豆或收購烘焙工廠。隨著公平貿易在咖啡業界成為基本原則，星巴克也率先支援第三世界的咖啡種植農戶，保護環境。由於氣候變化和咖啡銹病的緣故，高級精品咖啡豆不易覓得，與第三世界咖啡田的農夫們維持良好關係，守護咖啡田的環境，成為現今咖啡業界的核心話題。這就是要在第三空間展望第三世界的理由。

旅行義大利改變了命運

西雅圖一年四季霧雨籠罩的陰沉天氣，與英國類似，恰是西岸海洋性氣候地區的典型特徵。此外，資訊科技職業族群居多的知性人口組成、越過國境與溫哥華的交流、太平洋彼岸與亞洲國家的貿易增加、勤勉亞洲人口的流入等因素，造就西雅圖龐大的咖啡消費量。透過星巴克、西雅圖極品咖啡（Seattle's Best Coffee）、塔利咖啡（Tully's Coffee）等，西雅圖躍升為世界的咖啡首都。一九七一年，就在美國西部港口城市西雅圖，星巴克的歷史展開。舊金山大學喜愛咖啡的三名同學志趣相投，一起在西雅圖的西部大道（Western Avenue）首度開業，而這家販售阿拉比卡咖啡豆的小商店，名字正是「星巴克」。

當時在北歐企業擔任廚房用品和生活用品銷售員的舒茲，收到西雅圖小商店的大量訂單，他很好奇箇中原因，所以決定親自前往。當時舒茲被星巴克咖啡的味道迷住，一九八二年向原本上班的公司請辭，立即加入星巴克擔任行銷負責人。

一九八三年，舒茲到義大利米蘭出差，街頭的義式濃縮咖啡酒吧裡，人們喝著奶泡與濃縮咖啡交融的咖啡，緊張得到舒緩，彼此自在聊天，他認為那模樣和空間氛圍極具魅力。回到西雅圖後，他向管理階層建議，星巴克也別只賣咖啡豆，而是直接經營義式濃縮咖啡酒吧，但他的建議未被採納。他無法忘懷在米蘭的強烈體驗，一九八五年辭去星巴克的工作，在芝加哥創立了名為「Il Giornale」的義式濃縮咖啡酒吧。這個店名是義大利文「每天」的意思。正如舒茲的直覺一樣，顧客反應非常熱烈，甚至有顧客對他製作的咖啡上癮，「每天」來義式濃縮咖啡酒吧報到。舒茲有了自信心的，陸續在西雅圖與加拿大溫哥華開設門市。舒茲不僅在咖啡品質、合作夥伴的教育、職員制服上費心，也花許多心思在門市音樂、室內裝潢等喝咖啡的空間營造上。他在過程中得到設計專業妻子的大力幫忙。「Il Giornale」的銷售額迅速增長，最終在義式濃縮咖啡酒吧成立三年後，舒茲收購了自己過去任職的星巴克。可以說在義大利旅行中體驗的一杯濃縮咖啡，改變了他的命運。

18

韓國外賣APP「外送民族」地圖力

惟胸貯五嶽，目無全牛，讀萬卷書，行萬里路，馳突董、巨之藩籬，直躋顧、鄭之堂奧。（譯註20）

——中國清朝美術教科書《芥子園畫譜》

「外送民族」（배달의민족）金峰鎮代表（譯註21）出生於全羅南道莞島郡的小島鉤島，有三名兄姊，排行老么。他本來想成為像梵谷一樣的畫家。但由於家境不佳，他放棄學習美術，回到首爾考上首都電氣工業高中。他在四十二名學生中排第四十名，對學校學習沒什麼憧憬。

高中畢業後徬徨的他，去大學路的設計學院上課才定下心來。有一天，偶然看到宜家相關紀錄片後，他迷上傢俱，後來考上首爾藝術大學室內設計系。雖然以獲得獎學金的優秀成績畢業，但是國際貨幣基金（IMF）經濟危機來臨，就業並不容易。

憑著Photoshop技術，他進入韓國廣告公司Emotion，之後也在新游遊戲（Neowiz Games）、NAVER等網站擔任網絡設計師。

但他似乎仍無法放棄製作傢俱的夢想。他辭去不錯的工作，二〇〇八年在大峙洞開了一間傢俱店，但可惜一下子就倒閉了。雖然他的傢俱大受好評，以出色的設計口耳相傳，也被刊登在雜誌上，但這些好評沒有帶來銷售額。

從地理學家的立場來看，金峰鎮代表的傢俱店是空間決策錯誤的按例。由於傢俱運輸費高，佔用空間大，所以傢俱店選在租金低廉的城市外圍地區開店較為有利。成長為全球企業的宜家，最初也是從瑞典小城市起家，原因正是如此。但大峙洞的租金非常昂貴，最重要的是，那裡幾乎沒有要購買新傢俱的消費者。

無論生活水平和眼光有多高，想要購買新傢俱，家裡必須有空間，但在以公寓每坪

譯註20：韓文原句的翻譯是：「讀萬卷書，心懷萬感，走萬里路，再提筆揮毫！」但目前《芥子園畫譜》原文查無對應文句，所以暫先節錄最接近的句子。本書結語又再度引用。

譯註21：「代表」一職相當於公司總經理。

價高聞名的江南，家中空間有剩的可能性很低。成長中孩子們的教育費用負擔大，就算是富裕家庭的主婦，也很難輕易出手購買佔據大空間的傢俱。

戰勝演算法的腳力

結果，他欠下兩億韓元的債務，傢俱店停業一年後，金峰鎮代表陷入心理和經濟上的困境。由於當場生活費沒有著落，他立刻回任NAVER，但薪資連利息都難以償還，所以他的妻子也將年幼的女兒託育，開始雙薪生活。金代表週間到NAVER上班，週末則帶著焦急心情，準備與熟人一同創業。外送民族是他構想的眾多事業項目之一。二〇一〇年，他們創立「優雅的兄弟們」（우아한형제들），後來雖然幾經曲折，但憑著在現場奔走的誠懇熱情和街頭智慧精神，終於突破危機。全體職員到街上翻垃圾桶，回收傳單，賣力收集餐飲店資訊，將外送民族發展成國民應用程式。

在人力與資本不足的創業初期，金代表展開空間集中策略。確定了募資的簡報日程後，他會在會議室方圓一．五公里內的營業場所轉來兜去，著手收集傳單。至少從一週前開始，盡量收集餐廳資訊，上傳到應用程式，周密地準備會議。這是讓投資者在會議當天打開外送民族應用程式時，切身感受到內含多少詳細的營業場所資訊、使用的方便性，誘導他們下定決心投資的策略。

每天凌晨，他會翻看商務公寓和街頭的垃圾桶，說服警衛叔叔、清潔阿姨：「如果能夠協忙我們收集傳單，傳單就不會在街上亂滾。」外送民族壓倒性的競爭力，是從努力奔波，收集各種傳單，整理空間資訊中培養出來的。

外送民族職員們首先走訪板橋、江南、漢南洞等資訊開發者或投資者密集的地區，收集空間資訊，然後逐漸擴大外送民族的領域。此後，除了首爾之外，地方城市也僱用兼職人力，經過二至三年收集大量傳單、整理資料，該計畫名為「大東輿地圖」。因此，外送民族不僅是高句麗壁畫中登場人物的後裔，也是朝鮮製圖者金正浩的後裔。

拯救企業的幸福空間力量

熱愛旅行的現代信用卡副會長鄭泰永很早就開始關注「空間行銷」。在日本、墨西哥分公司工作期間，他對隨環境變化的組織文化與人性產生興趣。他認為「職員工作時看著窗外什麼樣的風景是非常重要的問題」，所以引進「洞察旅遊」（Insight Trip）制度，提供職員一週旅行觀察世界、發現新創意的機會。

同樣地，金峰鎮代表深知空間與裝潢的重要性，對於每天至少度過八小時的公司大樓特別關注。外送民族的辦公室曾搬遷三次，每次金代表都會親自設計外送民族的一切室內空間，主導裝潢工程，傾注大量心血。雖然無法像著名大企業一樣在華廈用昂貴造型裝飾辦公室，但為了打造「外送民族」空間，他花費許多心思。因為他相信空間布局、室內裝潢或窗外的風景，會對成員的思考方式與態度產生重大影響。首先，他不是以設計會議室，而是「設計會議」的想法，將會議室打造成閣樓一樣。以此打破對現有會議室的刻板印象，創意性的想法從而源源不絕，職級輩分的框架也自然瓦解。外送民族會議室變成像是學生時代與朋友們舒服坐著聊天談心的空間，像是從無聊玩笑到真摯煩惱都可以自在互相傾吐的學校運動場看台。沒有會議時也可以脫鞋上去休息，或者提著筆記本電腦去工作，空間利用效率隨之提高。

培養出「外送民族品牌風格」之地理的力量

為了提供新體驗，改變消費者的習慣，創造新的市場，外送民族實踐了三階段革新。

第一階段革新是消除傳單與外送市場的低效率，將「簡陋的外送食品」改成「與熟人或家人愉快共食的體驗」，將外送食物重新定義為「與所愛之人分享的幸福時間」。金代表思考外送餐飲的根本理由為何，探究得出的結論是為了在「我想吃的地方」，也就是「我感到幸福的地方」享受美食。最終，金代表的地理想像力改變了外送的定義，創造出新市場。

隨著飲食科技的革新，消費者可以輕易掌握哪裡有便宜好吃的食物，省去餐廳等待的時間。餐飲店老闆可以得到消費者的回饋，製作更美味的食物，如此自然形成良性循環結構。再加上減少印製傳單的費用與辛勞，甚是減少垃圾，對環境保護也有幫助。「外送民族」成為連結消費者和加盟店的平台，隨著引發的蝴蝶效應，讓世界變成更美好的地方。

二〇一九年底，原已擁有外送民族競爭對手Yogiyo的德國公司快遞英雄（Delivery Hero），突然宣布收購外送民族的計畫。他們以當時價值相當四千八百億韓元的股票收購外送民族，理由為其「以密密麻麻的空間資訊為基礎的服務所具有的無限擴張性」。最終，用腳奔走收集的傳單、不斷更新的地理空間資訊、與消費者的親近度，這些「外送民族的獨具優勢」是其他競爭公司無法超越的，從而獲得高度評價。實際上，外送民族平台的擴張可能性是無窮無盡的。不僅僅適用於餐點外送，也可以即時做到社區便利商店、超市的新鮮食品購物。

快遞英雄希望外送應用程式市場可以超越韓國，開拓到整個亞洲，收購的附加條件是必須由金峰鎮代表繼續擔任經理人。快遞英雄委請外送民族在東南亞開疆拓土，成為真正的送貨英雄，尤其在新冠疫情之後，東南亞地區的數位轉換速度加快，革新更為大膽。我們期盼支持外送民族超越「大東輿地圖」，帥氣地成功完成亞洲地圖、世界地圖計畫。

19 重視現場的華爾街傳說──彼得・林區

摒除對於權力的慾望並非當務之急。真正重要的是：在慾望創造生命與建設世界之際，關注它是否得到有效利用。

──羅伯特・摩爾（Robert Moore），美國心理學家

如果說華倫・巴菲特是價值投資大師，彼得・林區（Peter Lynch）則偏好「腳踏實地投資」。巴菲特將股票投資比喻為「堆雪人」，以直觀力為基礎投資少數極優質企業，採取長期持有來提高收益的方式，林區則經常穿梭於瞬息萬變的現場，像獵人般尋找新的投資對象。

「未經調查的投資是危險的，就像玩撲克牌不看牌就開牌一樣。」林區勤於訪問與

調查企業，如果發現更好的企業，就會用拋售現有項目的資金收購新的企業。比起宏觀經濟，林區的投資組合更關注個別企業的價值，中小型成長股的比重較高。

林區以二千萬美元收購麥哲倫基金，經過十三年經營，成長達六百六十倍，飆升為規模一百四十億美元的共同基金。他在鼎盛時期的四十七歲宣布退休，透過一九八九年的著作《彼得林區選股戰略》（*One up on Wall Street*）道破一種強調「常識的力量」的投資方法。該書成為暢銷書，林區以作家身分聲名大噪。他與韓國也很有緣分，一九六七年至一九六九年曾在韓國擔任炮兵隊中尉。

林區直言，華爾街有很多聰明的傻瓜、放馬後炮的投資專家。要想做好投資，就得讀懂別人的心，然而，華爾街所謂的專家卻做不到這樣。他一針見血地指出：「大家讀相同的報章雜誌，只聽相同的學者言論，最終只會有相同的想法，投資相同的項目。」他說，比起專家，普通人反而更有助於發掘有趣的企業或產品。[12]

那麼，普通人該怎樣做，才能比專家動得更快，迅速掌握機會呢？祕訣就是實地考察。用腳奔走獲得的高級情報與創新洞察，帶來高收益的機率比華爾街專家更高。連專家都不知道的投資潛力企業，終究可以透過現場的力量、地理想像力來挖掘。

壓倒MBA學位的現場調查威力

林區畢業於赫赫有名的沃頓商學院，但對MBA持負面態度。他說讀沃頓商學院的價值，僅只於遇到賢妻的程度而已。他直言，比起信奉計量分析與隨機漫步假設（random walk hypothesis）（譯註22）的商學大學教授，通曉實務的現場專家更厲害。[13]據說他在學生時代，避開科學、數學、會計學等一般經營學必修科目，主要聆聽人文學課。他表示，股票市場不是經由量化而來，學習歷史、哲學比統計學更有用。

林區建議，在選定投資項目時，先與公司代表見面或親自訪問總公司。據說，他在實際決定投資之前，會先造訪總公司，掌握公司氛圍。因為任何人都可以透過一個電話或網站檢索獲得公開的基本資訊，但是公司的位置與氛圍，只有造訪現場才能真正感受到。實際上，他曾經造訪位在保齡球場後面地處偏僻的「塔可貝爾」（Taco Bell）總公司，

譯註22：該假設認為，證券價格的波動像漫步一樣是隨機的，所以股票市場上的投資收益是不可預測的。

看著在狹小辦公室裡努力工作的公司主管們，他直覺感受到公司成長的可能性。

此外，在造訪「皇冠製罐公司」（Crown Cork and Seal）時，他親眼目睹，在整個流程一覽無餘的社長辦公室裡，陳設傢俱簡陋，地上鋪著廉價地板，他有預感這家公司會大發利市。實際上，該企業在三十年間表現二百八十倍的成長率，確為「高收益與儉樸總公司的完美組合」實例。反之，陳設高級古董傢俱，糊上優雅壁紙，擺置昂貴盆栽，猶如飯店般的辦公室，往往是暗示公司收益踏入憂心期的徵兆。

此外，林區還強調，除了留心觀察投資企業的總公司之外，還要注意所有日常生活空間。例如，去晃一晃滑雪場、購物中心、保齡球場、教會等處的停車場，就能理解汽車產業的趨勢，以及分析現狀。

發掘地理想像力達人的「好差事」

林區的父親曾任數學系教授，也曾是約翰·漢考克金融（John Hancock Financial）最年輕監事，但在他十歲時因腦癌去世。為了協助成為單親媽媽的母親，林區從十一歲開始到高爾夫球場當球僮。他在波士頓上大學時，繼續打工當球僮，在高爾夫俱樂部可以聽到企業家們分享的故事，也可以與他們建立交情，對就業更有利。據說，有的球僮經過高爾夫俱樂部的更衣室，迅速晉升至一家企業的要職。他強烈推薦想學習股票的人，在進入證券交易室後，也去高爾夫球場打工。那裡的工作時間比送報紙短，而且收入更可觀，算起來可謂一門「好差事」。果然是對現場擁有強烈地理想像力的高手，才有如此建議。

20 三星電子「區域專家」的革命

無論何時，都要考慮不同的對策，不同的解釋。廣泛通用的常識也會有錯的時候。

——吉姆．羅傑斯，羅傑斯控股公司主席

自一九五〇年起，三星集團創始人李秉喆會長每年年末年初都會來到東京，解讀世界的變化，收集資訊，構思新事業。進軍電子、半導體、航空產業，全都源自年初的「東京構想」。李會長洞悉最新情報是企業的生命，強調海外當地法人最重要的業務是「資訊收集」。尤其，三星電子決定挑戰半導體產業，正是經過十多年調查研究後做出的艱難決定。

一九八二年，李秉喆會長取得在京畿道龍仁建半導體廠的土地時，高層主管們非常擔憂，強烈反對。但李會長為了掌握情報與技術，在東京和矽谷設立「資訊中心」，尋求正面突破，終於在一九八四年十月成功獨自開發「256K隨機存取記憶體（DRAM）」。韓國從此成為繼美國、日本之後世界上第三個生產半導體的國家。

目前成為記憶體半導體世界第一企業的三星，起初相當微弱。當時人們認為，半導體是最尖端的產業，惟有像日本一樣技術實力雄厚的國家才有辦法投入，即使製造出半導體，恐也無法與日本競爭。當時日本企業嘲笑說：「韓國要怎麼製造半導體？」但李秉喆聘請在海外留學的高級人才反覆進行研究。從某種角度來看，半導體產業非常符合韓國人喜歡「快快快」，設定目標後就全心投入的特性。

一九九四年，筆者在三星電子半導體海外營業組負責美洲出口業務。初期，三星被台灣競爭者或日本企業排擠，一度非常困難。「如果台灣或日本發生地震，數個月內無法生產半導體，三星就能趁機復活。」這是從前輩口中聽到如傳說般的這段話。即使是現在，遇上停電或停水，半導體工廠只能停止運轉，在一九八〇至一九九〇年代，這個產業該有多脆弱？尤其，台灣和日本經常發生地震，每當此時，工廠就停產，生產也會減少，三星間接受益。在韓國成為半導體強國的背景中，地理的力量也起了作用。

繼承父親三星事業的李健熙會長，似乎有要趕上日本企業的強烈意志。想要戰勝日本，首先要充分了解日本。他聘請日本企業的技術人員、經營者擔任顧問，分析三星的問題點，並且詢求對策。此乃《福田報告書》，李健熙會長的法蘭克福宣言正是來自該報告書。

突破危機的開始——凱賓斯基飯店

一九九三年三月二十二日，李健熙會長才剛在首爾奧林匹克體操競技場發表第二次創業宣言，又赴洛杉磯、日本等地宣傳新經營理念，卻在飛往法蘭克福的飛機上受到巨大衝擊。這發生在他親自閱讀前述《福田報告書》的瞬間。日本產業設計顧問福田民郎的報告書，猶如驚天駭地的警示文。其實，該報告曾經多次上呈事業本部長，但未被轉交李會長。不管向本部長說什麼都行不通，福田最後只能做好離職的心理準備，逕向李健熙會長上呈投訴。其中有這樣的內容：

「三星現在沉迷於自滿，不做創造性挑戰。韓國企業不預先做好準備，而是在問題爆發後再花錢。三星的管理層性子太急，只考慮業績和結果。雖然每個人都很優秀，但研究結果未確實施行。」

一九八九年日本顧問指出的問題，歷經將近四年，依然未獲解決，最重要的是總經理、祕書室長、本部長等高層主管說謊，李會長大發雷霆，下達指示召集所有高階主管「即刻搭飛機往法蘭克福集合」。

就這樣，三星在法蘭克福召開四次會議。第一次會議有兩百多名總經理和高階主管參加。從法蘭克福機場出發的車子陸續停在飯店門口。一九九三年六月七日星期一，德國柯尼希施泰因（königstein）所在之法爾肯施泰因凱賓斯基大飯店（Falkenstein Grand Kempinski Hotel）的日程開啟，一直延續到六月二十四日。總經理和高階主管在陌生海外聚精會神於演講和討論，直到凌晨三、四點。

李健熙會長認為，當時的情況無論就國家或企業來看，都是巨大的危機。他強調：「如果不打起精神，就會出現像舊韓末期一樣的悲慘局勢。如果照此發展下去，就會從二流跌至三流、四流。」他高舉「品質經營」的旗幟，敦促改變：「除了老婆和孩子，把一切都換掉」。

法蘭克福是三星的歐洲總部。一九六四年，首度在歐洲地區開業的三星物產德國分社，就位在法蘭克福埃施博恩（Eschborn）。一九七五年，法蘭克福分社吸收漢堡分社且法人化，成為初期歐洲市場開拓的中心，建構三星的經營基礎。之後也曾作為進軍前蘇聯與東歐的前沿陣地。凱賓斯基飯店是一八九七年設立的五層建築，每道天花板都繪有溼壁畫（fresco），十九世紀古董木製傢俱觸目即是，實屬歷史悠久的空間。這一家能夠享受「差別化奢華」的超豪華飯店，特別受到法蘭克福金融人士的喜愛。坐在這家飯店的露台上，法蘭克福全景盡收眼底。

從歷史上來看，法蘭克福也是前面介紹的羅斯柴爾德家族成為富翁打下基礎的地方。雖然這裡對猶太人的歧視最嚴重，環境不利，但由於是德國的中心，也是資金聚集的金融中心，所以羅斯柴爾德沒有離開這裡。李健熙會長召集兩百多名高階主管至法蘭克福，白天在街上兜來逛去，收集新的情報，晚上討論今後的變化方向。雖然待的是富豪城市法蘭克福，住的是歷史悠久的奢華凱賓斯基飯店，但當時高階主管們的心情應該不太安然自在。

「請培養兩千名區域專家」

「為了走向全球三星，說要組建區域專家，也沒有組建。幾年過去，說要從一九七三年開始組建，但還是沒有組建。一九八六年又呼籲一次，還是不行。一九八八年當上會長，又鬧得沸沸揚揚，仍舊不行。一九八九年還是一九九〇年，我大聲疾呼。這次，當天就立刻組建。」

二〇二〇年十月二十五日去世的李健熙會長，總是求才若渴。聘請人才時，三顧茅廬是基本，他還曾經出動公司專機，以提供當事者更高年薪為搶人策略。而且，為了確保打造全球三星的人才，他提出「區域專家制度」。世界最高權威的商業雜誌《哈佛商業評論》在二〇一一年七／八月號刊上評論道，三星的區域專家制度才是將三星打造成世界級企業的有效策略。

李健熙會長是深諳正確情報、最先進資訊重要性的領導者。特別是區域專家制度，被評價為三星躍升全球強者的重大貢獻者。一九七三年，就任三星電子會長的李會長強調區域專家育成，當時周圍無人理解他的意圖，而且受到費用問題的限制。如果考量工資和駐留費等各種支援費用，每名研修者一年需要三億韓元左右。如果一年派遣三百人，相當於每年投資八百至九百億韓元的鉅額。

在李會長的壓力下，理事團宣布將在五年內培養五百名區域專家，但李會長斥喝道：

「這是考慮到二十一世紀環境的數目嗎？請培養兩千名。」李會長相信，高喊國際化的組織，卻沒有國際化的人力，不啻是天方夜譚。實際上，在引進區域專家制度的第一年，實務組選拔了二十多人，他問對方還不懂自己的意思嗎，然後將人數增加至兩百名。

自一九九〇年代以後，三星向八十多個國家派遣了五千多人，這群進軍海外的區域專家遂成為打造全球三星的基石。因為區域專家制度成為三星在當地的行銷根基。區域專家會向公司報告與業務雖無直接關係，但不去現場就難以得知的當地情報，諸如「巴拉圭是適合喝酒的地方」、「在美國便宜購屋的方法」等。而且，三星開放公司內部傳閱相關報告書，讓任何人都能自由查看關注地區。三星集團的一位相關人士表示：「無論多麼細微的情報，只要收集數千、數萬條資訊，就會成為相關地區的卓越資料庫。」只要閱讀報告書，就能掌握任何書中都沒有的相關國家資訊。

二〇一〇年一月《金融時報》評價道：「三星電子擁有的優點不在革新，而是訓練有素的生產與追擊能力，速度和敏捷性是它成功的主要原因。」慶應義塾大學柳町功教授給予忠告：「三星一直採用韓國式經營方式，引進西方和日本的優點、標準技術和經營方式，再調整運用。它像模範生一樣，得以外國的先進技術為標準，憑藉獨具的誠信品質與匠人精神獲得成功。在半導體和液晶顯示器領域，目前三星居於最頂尖，已無企業可供教科書參考。今後，三星必須自己打造新概念的創造性產品與技術。」雖然三星迅速躍升為全球性企業，但從長遠來看，前瞻多少有些悲觀，革新性的不足將損害收益。無論多踏實的模範生，惟有打破自己的框架，進行從無到有的破壞式革新，才能實現持續性的成長。

穆斯林市場的試驗台——印尼

然而，一流的三星也慢慢失去開拓者精神，地位逐漸動搖。三星的危機可以從它囿於現有框架而錯失絕佳機會的例子窺見一斑。

二〇一〇年代初期，在黑莓機消失的轉換期，三星以果敢的市場行銷和本土化策略搶佔智慧型手機市場，在印尼也壓倒性地佔據市場佔有率第一位。當時正處印尼消費者熱衷於使日常生活變得更便利的智慧型手機魔法，平台經濟急劇增長的時期。

當時在印尼出現了利用智慧型手機的服務與各式各樣的應用程式，新創企業如雨後春筍般冒出。二〇一〇年，曾與人稱「Ojek」摩托計程車相連結的小公司「Go-Jek」，迅速擴展到車輛共乘 Go-car、飲食外送 Go-food、按摩 Go-massage、金融 Go-pay 等服務領域，迅速成為東南亞的超級應用程式。隨著全球創投資本湧入雅加達，二〇一六年 Gojek、二〇一七年 Traveloka、Tokopedia 等獨角獸企業接連誕生。

二〇一六至二〇一七年，筆者正在東南亞進行地區研究，當時充分感受到當地的急劇變化。在外國投資者的步伐加快、獨角獸企業即將誕生之際，曾為韓國政府、企業、民眾製作關於「東南亞快速數位革新」的生動現場報告書。雖然部分媒體曾進行報導[14]，但遺憾的是，在韓國社會未獲關注。雖然最近企業與媒體對東南亞數位革新生態界的關注熱烈，但在東南亞的大格局已經全部結束，投資機會有限。

結果，韓國企業無法在初期搭上東南亞的數位平台革命，高階主管只乘坐司機載送的高級車，一到週末就專注於高爾夫球場社交，其實很難捕捉到街頭的變化。三星只關注智慧型手機在當地市場的佔有率，未能用新的眼光發掘第三世界的新市場，現在二〇二一年，三星被廣東歐珀移動通信（OPPO）、維沃移動通信（VIVO）等中國低價智慧型手機企業比下去，在紅海中苦苦掙扎。

擁有二億七千萬人口的印尼，不僅是東盟的經濟大國，也是世界最大的穆斯林國家。在印尼，穩健的伊斯蘭文化之下，女性的經濟活動也很活躍，作為估計有十八至二十億穆斯林消費市場的測試平台，利用價值很高。如果三星在印尼數位革命初期，收購本土新創企業或率先引進與智慧型手機連接的三星支付等，三星是否會躍升為不亞於Google或Facebook的平台企業？如果曾先取得與智慧型手機連結，覆蓋東協與穆斯林市場之超級應用程式的股份，三星帝國的領土應該會比現在更廣闊吧？

21 韓國現代集團在世界找出路的力量

風浪，往往站在最能幹的航海家一邊。

——愛德華·吉朋（Edward Gibbon），英國歷史學家

六二五韓戰之後，韓國展現驚人的經濟增長。現代、大宇、三星、樂天等大企業很早就走向世界。特別是現代集團的鄭周永被譽為「會長之王」，人們記得他是產業化的象徵。鄭周永會長的人生本身就像韓國近現代史的電視劇，與韓國在貧困中實現高度經濟成長如出一轍。

鄭會長克服小學畢業的學歷，樹立現代集團這一巨大財閥，確實是重視地圖與現場的典型街頭智慧人才。他以「沒有路就要找路，找不到路就要鋪路」的精神開展事業，曾說「固有成見讓人變成傻瓜」，經常秀出創意的問題解決能力，他曾經發揮的奇特地理想像力，真的可以拿諾貝爾獎。

鄭會長的確不是踏實的模範生類型，反而是離家出走像吃飯一樣頻繁的孩子，父親整日為他操心。第一次離家出走時，他前往北韓咸鏡北道清津，由於沒有車費，遂在元山附近的煤礦村鐵路工地打零工，第二次他去了金剛山，但沒工作只被騙，被父親拉了回來。父親賣牛的錢，他偷了七十韓元，在首爾會計補習班唸書時被抓回來，看到《東亞日報》的招聘報導後，他又不管三七二十一就離家。

如此直到最後，他都沒有放棄，繼續嘗試離家出走，最後找到工作，成功自立。他在新堂洞米店「福興商會」當店員時，曾是「腳踏車送貨達人」。他往首爾各地配送一袋袋的米，熟悉首爾的地理，培養體力和責任感，還賺了錢，沒有比這更好的執行長訓練課程了。米店老闆高度評價鄭會長的誠實與韌性，甚至在三年後將店鋪交給他，而非自己沉迷賭博的獨生子。

「所以試過一次了嗎？」

他一生非常勤奮，凌晨三點起床看報，六點吃飯後，一大早就去上班。在仁川碼頭邊做粗活時，他生活在惡劣的環境中，在滿是蝨子的集體宿舍裡，根本無法好好睡覺。

但他對每件事都正面積極看待，甚至開玩笑說，他從怎麼躲都躲不掉、堅持纏人吸血的蝨子身上學到了毅力。在首爾經營汽車工業公司時，大火燒毀了全部財產，但他拍拍憂心的職員，撣一撣衣服就站起來。他在晚上巡視蔚山造船所施工現場時，差點墜入海中淹死，但依然不慌不忙，繼續前往作業現場。

他是穿工作服比西裝更合適的現場通。他隨時到水泥工廠所在的丹陽，有一天太累了，打瞌睡睡過站，中途從列車上跳下來奔向施工現場，可見他對工作是多麼熱情。

一九四七年，時屆美軍政末期，他在首爾建立名為「現代土建」的公司，在韓戰時期迅速成長。據說，美軍在艾森豪總統訪韓之際，嚴冬下要求將聯合國墓地鋪上草皮，由於無法取得草皮，所有人心裡都涼了半截。這時鄭周永會長想起麥田，動員了三十多輛卡車，在墓地種下了田裡長出的麥苗。謹慎模範生類型的職員遇到看似不可能的事情就猶豫不決，他會對他們說：「試過一次了嗎？」並且強調如推土機般的挑戰精神來鼓勵他們。

「我們是比英國早三百年建造鐵甲船的民族」

由於越南戰爭，駐韓美軍轉移到東南亞，工程工作減少，再加上國內政治狀況不穩定，他遂攤開世界地圖。一九六五年，他好不容易承攬到泰國北大年－陶公（Pattani-Narathiwat）高速公路的建設，但由於是首度進行海外工程，經歷許多錯誤嘗試。遭反對高速公路建設的當地居民闖入、強盜侵入、奪取金庫等，歷經曲折才勉強完工。儘管該事業虧損嚴重，但憑藉當時獲得的經驗與自信，他後來得以承攬號稱為二十世紀最大工程的沙烏地阿拉伯朱拜勒港（Jubail）工程。

雖然他的正式學歷是小學畢業，但是在人生這個學校裡，遇到各式各樣的人，從中汲取智慧，他曾經說明如下：「廣泛與人交流，讓我不失幽默，也不被偏見束縛。用溫暖的視線看待人生，擴大同理心，接納他們的情緒，可以避免人容易陷入思考僵化。」

一九七一年，鄭周永會長拿著蔚山尾浦灣的大尺度地圖和航空照，以及向外國造船廠借來的油輪設計圖，不管三七二十一就離開韓國。當時，朴正熙前總統向推土機般的鄭會長下達建設造船廠的任務。首先，建設造船廠必須融資借款，所以他找向日本和美國，但都遭到拒絕。看著世界地圖尋找合適國家時，他想起以船舶與物流稱霸世界的島國——英國。

一九七一年九月，他與英國巴克萊銀行負責人會面，協商融資四千三百萬美元的貸款，但銀行不可能款待來自窮國的企業家。他始終沒有退讓，銀行要他拿推薦書和買船的契約再來。經過多方打聽，他最終聯繫上對巴克萊銀行能夠行使影響力的關鍵人物——船舶諮詢企業隆巴頓會長（Charles Brooke Longbottom）。著名的龜船故事在此登場。

他去找隆巴頓談判，當場出示地圖和當時使用的伍佰韓元紙幣，秀出上面繪製的龜船，說道：「我們是比英國早三百年建造鐵甲船的民族。」他堅持不懈地說服，最終獲得提交給銀行的推薦書。接著從希臘船主那裡取得購船的契約書。就這樣，在造船廠尚未建成的狀態下，他已經接到購船訂單，還獲得銀行貸款。在兩年三個月後的一九七四年春天，鄭會長同時建成船舶和蔚山造船廠，創下世界造船史上空前絕後的紀錄。他說：「沒有奇蹟。只有誠實、有智慧的勞動而已。」他將現代集團培養成為代表韓國的企業。

離家出走成習的少年特別歸鄉

在江原道農村出生長大，後來離鄉背井的鄭會長，非常熱愛土地。他在忠清南道瑞山建立比汝矣島大三十三倍的圍海造地，甚至改變了韓半島地圖的海岸線。瑞山前海的水勢太強，擋水工程一直被推遲，利用廢油輪阻擋海洋的創意工法是著名軼事。這證明了他是不遜於亞歷山大大帝的地理想像力達人。他將透過圍墾取得的農田獻給「連指甲脫落都不惜將砂石地開墾為農地」的父親。他對十幾歲時偷走父親賣牛的錢，屢次離家出走讓父母操心感到抱歉。他趕著在瑞山農場飼養的一千多頭牛，越過北緯三十八度線，來到位在北韓的故鄉，他的旅程為全世界的人帶來深深的感動。

他的這種挑戰精神來自哪裡？從少年時期四度試圖離家出走的鄭會長，似乎對世界充滿興趣。在江原道故鄉讀《東亞日報》時，他相信自己的直覺：「去大城市，好像會有更棒的事情發生」就逕自離家，年輕無所事事時，他也在街頭四處遊蕩。

他終生不認為自己是資本家，而是「富有的勞動者」，他非常簡樸，在舊房子裡看有數十年歷史的電視機，甚至破手套也縫起來再戴上。他警惕偷懶說道：「人通常想適當地懶惰，適當地玩樂，適當地放鬆。然而，沒有比讓寶貴時間白白從『適當』的間隙流逝更愚昧的事。」15

尤其，他對年輕人這樣說，鼓勵他們進取的精神和學習世界地理：「邁出產業社會第一步的年輕人，內心充滿熱情，頭腦最為靈活，擁有能夠消化與克服任何氣候或任何惡劣條件的堅實體力。年輕的時候，應該走遍世界各個角落，快速掌握每個地區的氣候和風土人情。」此外，他也向企業強調國際競爭力：「企業應該無限壯大。韓國的經濟無法開展只依賴國內的生活。應該與世界級企業在世界市場上展開競爭，以此積累財富。但在走向世界市場進行競爭時，必須本身要有力量。」

22 韓國樂天集團進軍海外的現場力

在人間課堂，沒有比旅行更好的了。大自然在惡人眼中也是善的。大自然本身就是偉大的聖經。這個世界的大自然擁有永恆的真善美。

——金燦三，旅行家兼地理老師

樂天集團創始人辛格浩會長，二十多歲在日本辛苦上大學，同時打工送報紙、送牛奶等，培養出地圖力。「在韓國時，日本的優缺點明顯易見，在日本時，韓國的優缺點明顯易見，所以我能用第三者的角度來經營。」他一直保持積極正面的態度。

實際上，樂天積極扭轉在日本與韓國兩處都不被完全接受的不利情況，成為進軍海外的領頭羊。樂天在討論進軍海外的候選地點時，以仔細調查道路、鐵路等基礎設施情況、用地規模、周邊人口，乃至今後發展計畫而聞名，曾與當地機構合作參與莫斯科地區開發計畫、越南胡志明市地區再開發計畫、印尼雅加達新都市計畫等。

樂天不僅進軍日本、韓國、中國，也早早就進軍東南亞，取得當地國家首都精華地段的房地產，成功進行綜合開發計畫，在印尼首都雅加達、越南河內大獲成功。特別是在越南河內，儂特利與樂天超市的地位獨一無二，樂天塔成為來到河內的必訪名勝。樂天飯店則成為越南當地富豪經常光顧的據點，樹立穩固的品牌形象。

完整情報在現場

據說，辛會長的最後決策總是伴隨著「去過那裡（現場）嗎？」的提問一起完成。在推動首爾小公洞開發時，他詳細考察全世界的知名飯店與百貨公司；在蠶室開發時期，他專注視察各種主題公園。如果是去百貨商店的話，他會從地下樓層開始仔細查看，直到最頂樓層，尤其在地下食品商場，他會親自摸摸看商品、購買商品，在那裡停留最久的時間。辛會長的情報吸收能力非常強，特別是透過海外考察旅行收集的紀念品，都是新的資訊，也是新的靈感。

建築師奧野翔從樂天飯店計畫開始與辛格浩會長結緣，成為辛會長的合作開發夥伴，在約五十年間曾執行七十件以上的樂天計畫，制定過一百五十件以上的計畫案。

一九九五年春天，他正在推動濟州島度假村開發，探索飯店的概念和設計方向，接到辛會長通知他親赴南非太陽城叢林主題飯店，確認現場情形。

他立刻從日本經澳洲飛往南非，飛了二十多個小時，抵達叢林飯店。他親自去現場看到的，比照片中看到的多得多。建築物的外觀像是從數百年前就存在叢林，服務員們穿著探險家的服裝，室內裝潢和傢俱也完美重現叢林氛圍，給人神祕的感覺。樂天的工作方式就像這樣，透過媒體資訊只能得到實物三〇%的情報，在現場才能直接確認完整的情報與感覺。

被譽為「韓國金吉思汗」的金宇中

如果去越南書店看看，暢銷書區架上會出現《賺遍全世界——大宇集團總裁給年輕人的忠告》一書。雖然大宇創始人金宇中的名字被韓國青年遺忘，但在二十一世紀的越南，金宇中會長被推崇為不亞於馬雲、伊隆·馬斯克（Elon Musk）的英雄。

大宇創始人金宇中會長認為，比起已開發國家市場，無人關注的落後國家反而有更大的機會與潛力。

被譽為「金吉思汗」的金會長，是看著世界地圖，帶頭開拓新市場的企業家。一九八九年，以蘇聯為中心的社會主義體制崩潰時，大宇比任何西歐企業都更迅速地進軍東歐國家，設立工廠，構建基礎設施。金會長總是搭乘汽車和飛機忙碌移動，去海外出差時，他會邀請學者和藝術家在飛機上對話，與其說他是單純想賺錢的企業家，不如說他是以地理學家的心態探險世界。實際上，金基思汗與其部屬非常積極進取，在韓國政府還沒有建立正式外交關係的非洲或中南美地區，大宇就先進去積累人脈，取得經營權。

其實，若是在海外工作，特別是在第三世界，經常會發生變數和危險的情況。如果電視或廣播出現墜機或飛機事故的新聞，大宇集團總公司的所有人都非常緊張。因為全世界任何一家航空公司的飛機，都經常有大宇職員乘坐。拜大宇之賜，韓國的經濟領土擴張到世界，韓國青年在大宇工作，也紛紛成長為全球性人才。

雖然現在越南經濟成長，躋身為代表亞洲的新興工業國，但一九九七年，筆者進行東南亞地區研究而在當地調查時，那裡還是一片渺茫黯淡。當時越南首都河內，特別是北部的農村和山區，處於北韓程度貧困落後的環境，當時大宇集團改變了河內的地平線，專門負責都市計畫和房地產開發。在任何國家都不敢貿然投資越南之際，他們已經高度評價越南的未來潛力和成長性，在前景不明朗的時期果斷進行投資。當時還是留學生的我，在陌生的外國看到熟悉的韓國企業標誌、招牌和品牌，就感到很踏實與驕傲。

一九九七年底，國際貨幣基金經濟危機爆發後，大宇集團走上解體之路，但在越南等全世界的國家，大宇留下的遺產與當地人脈至今依然存在。尤其，大宇曾經在全世界活躍，它提高韓國品牌價值且培養充滿挑戰精神人才的功勞，價值無法以經濟數值換算。雖然大宇消失了，但曾在大宇工作的職員依然擁有經驗和專業性，對韓國在全球經濟舞台上持續成長有直接或間接的助益。

憑防川市場經營祕訣支撐了三十二年

金宇中會長在一九四九年父親擔任濟州島知事時，是兄弟中唯一跟隨父親到濟州島的兒子。此後，他在戰爭中與父親、哥哥們分離，前往大邱避難，十四歲時突然成為一家之長，每天要賣一百份報紙，才能解決四口之家的一頓飯，所以他一拿到報紙，就會跑到報紙最暢銷的防川市場，他總是第一個抵達。之後，他提前將零錢折成三角形放入口袋，以這種方式節約時間，銷售更多的報紙。後來，他還用賒賬方式來銷售報紙，搶走其他賣報少年的生意，最後，金宇中完全壟斷了防川市場。金宇中會長回憶道：「我以在防川市場曾經用過的經營祕訣，支撐大宇三十二年。」[16]

就像搶先銷售報紙壟斷防川市場一樣，他追求的是比競爭公司更快搶佔新興市場的策略。大宇也曾經為了提升銷售量與速度，採取藉由賒賬擴大銷售的策略，就像賒賬賣報紙一樣，實際上，他就是把防川市場的生存策略運用在經營大宇上。

金會長回憶說，賣報紙養家餬口的十四歲少年家長生活，與其說是辛苦，不如說是幸福的時期。「母親和兩名年幼的弟弟正在家裡等待。如果一天不工作，四個人就會餓肚子，這種迫切感讓我在十多公里的距離內奔波。」拿到報紙後就奔向防川市場的少年，後來成長為養活韓國國民而飛向世界市場的企業家。

一九六七年，三十一歲的青年金宇中以五百萬韓元的資本，與五名職員一起創立大宇，之後一天也不曾休息，一年在海外度過兩百天以上。在金會長的辦公室裡，「指出他行動範圍的世界地圖」下方陳列著各種出口塔獎座。[17]大宇集團在一九九八年底成長為擁有四十家分公司、三百九十六個海外當地法人的跨國企業。而且，金會長直到去世前夕，一直為培養東南亞青年企業家（GYBM）做出貢獻。

從「顛倒的地圖」中尋找未來金脈

你看過澳洲和南極在上方的「顛倒世界地圖」嗎？有人顛倒看地圖，懷抱夢想，進而創業。東遠集團名譽會長金在哲，原以身為韓國最早遠洋漁船「指南號」的實習船員進入海洋。在韓國與日本遠洋業界受肯定為資深船長的他，甚至寫過《顛倒看地圖，就能看到韓國人的未來》一書，是一位深諳地圖的力量的領導者。

曾是客戶的日本企業勸他獨自經營公司，一九六九年四月十六日，他在首爾明洞的小辦公室裡與三名職員一起創立公司。公司標誌中包含了地球的經緯度，以地理學家思維武裝自的他，也將公司名字定為「東遠」，蘊含「從東方國家遠走全世界」的宏偉藍圖。

他選擇的領域是一九七〇年時乏人問津的鮪魚罐頭事業。所幸，以一九八六年首爾亞運會和一九八八年首爾奧運會為契機，鮪魚罐頭銷量劇增，東遠產業迅速成長。繼遠洋漁業之後，金會長還依次挑戰了製造業、物流業，後來更投身於證券業。金在哲會長在美國哈佛大學研習三個月期間，仔細觀察獲得哈佛大學企管碩士的優秀學生在哪裡就業，結果看到在資本主義的故鄉美國，頂尖人才選擇投入證券公司或投資銀行後，金在哲會長確信今後金融業在韓國也有展望。

金在哲會長從經營一線卸任後，仍然努力追趕時代的變化，他很關注人工智慧這一新領域。美國和中國的人工智慧專利申請件數分別達到十五萬和十四萬件，但韓國卻只有四萬件，金會長對此一現實感到可惜，還約定向韓國科學技術院（KAIST）捐贈五百億韓元的捐款。

幸福的祕訣是生活在「幸福者眾的地方」

突然躋身世界前十經濟大國的韓國，在過去五十年間，能源消費增加了十倍，化石燃料的使用增加了九倍，被列入「氣候流氓國家」黑名單。雖然目前韓國社會藉由緊密的快遞網絡和嚴格的控制政策勉強撐著，但看起來不是長久之計。因為自營業者與企業的負擔與痛苦加重，同時每天排出的包裝容器垃圾也非常多。

很久以來，地理學家們就不斷警告因環境破壞而引發傳染病猖獗的危險性。《槍炮、病菌與鋼鐵》（Guns, Germs and Steel: *The Fates of Human Societies*）的作者賈德・戴蒙（Jared Diamond），這位加州大學洛杉磯分校的地理系教授，從生態觀點眺望文明。同樣身為地理學家，筆者的立場是「方向比速度更重要」、「生命比金錢更優先」。特別是在如同現今持續混亂的文明大轉換期，惟有拿著正確的地圖，探索新的道路，才能提高生存機率吧？我認為現在是時候承認，我們都是觸發新冠病毒的人犯，大膽尋求轉變。

長期研究幸福心理學的首爾大學心理學系崔仁哲教授在著作《美好生活》中傳授幸福的祕密。追求幸福，最重要的決定性因素不是諮商，也不是個人的努力，而是「生活在幸福者眾的地方」，這是非常理性的結論。這與以「幸福地理學家」自居，尋找全世界「幸福密集空間」的筆者做人群觀察且適用自己的結果一致。不只幸福，成功也是一樣。在韓國，無論怎麼努力都行不通，但在國外嘗試，卻經常很容易實現，得到良好的結果。

如果現有環境難以立即出發尋找幸福的地方，也可以在自己的日常生活中慢慢尋找與打造幸福空間開始努力。如果在幸福的地方做自己喜歡的工作，而且能夠拓展這樣的空間，那麼即使沒有賺大錢或出名，也是成功的人生，不是嗎？反之，無論多有錢、資歷多好、地位多高，如果日常生活空間令人窒息，總是感到侷促不安，那還是很不幸。就算表面上過著光鮮亮麗的生活，幸福的照片也都傳上社群網站，這個人還是難以視為真正成功的人，對吧？

Part 3

未來的地圖

以多層地圖來展現的地球

當今是世界性大企業一不小心也會挨一記重拳的時代。一九九五年哈佛商學院教授克雷頓・克里斯汀生（Clayton Christensen）提出的「破壞性創新」（disruptive innovation）正在我們眼前展開。據說，標準普爾 500 指數（S&P500）企業中的七五%將在今後十五年內更換或退出。在一切向數位化轉型的未來，新的商機在哪裡？除了技術革新、顧客滿意是基本，還必須具備「數位世界的地圖力」。如果只注重提升效率、改善品質，很難看到大幅變化，在競爭激烈的市場，愈努力工作，反而產生創新愈受壓抑的副作用。若是無法超越線上與實體，重新展望由虛擬空間和元宇宙（metaverse）多層組成的世界地圖，完全創出新市場的企業，命運註定要在艱苦的紅海中掙扎。

23 內含孫正義帝國設計圖的世界地圖

挑戰所有人想做卻沒有人做的事。
人與人互聯，生意隨之而來。

——馬雲，阿里巴巴前董事長

「如果麥當勞或零售店等領域的產業有利於穩紮穩打、善於管理的農民，那麼在資訊科技產業，惟有像獵人一樣靈活移動與應對的人才能生存下來。」

這是孫正義會長說的話。資訊科技產業是狩獵社會產業，就算會失手，只要目標物一出現，就得趕快追上去捉來吃才能生存。新技術和新產品隨時登場，必須靈活應對，儘快適應新的環境。

李健熙會長的導師吉川良三在《第四次工業革命》（日本型第 *4* 次ものづくり産業革命）一書中這樣說道：「現在市場行銷正從市場調查走向市場發掘的時代。想要對第三世界發生的新需求做出機敏的反應，現在市場行銷應該進化為地緣政治學的製造業。」這就是首重技術的資訊科技企業也得拿著世界地圖奔赴現場的原因。孫正義會長將《孫子兵法》選為人生最佳良書，他說，必須轉換局面或遇到困難時，他都會閱讀《孫子兵法》，查看世界地圖。

軟銀的創業投資原則

奶奶對我來說是彌足珍貴的人。她十四歲一來到日本就結婚。對方是年過三十的老光棍，也就是我的爺爺。奶奶來到語言不通的外國，經歷過戰爭，生了七個孩子，撫養他們長大成人。父親上中學時，就得為家裡賺錢。在極度窮困的生活中，他製作燒酒偷偷賣、養豬，為了生活什麼都做，一九五七年，我出生了。

奶奶每天載著我坐手推車去散步。手推車上有三、四個切成兩半的油桶，裡面裝著從市區餐廳收來的廚餘，用來餵豬。我記得當時桶裡「滑」出腐爛的味道。小時候不知道痛苦，跟著奶奶出去，但是上學之後，我開始討厭奶奶。因為「奶奶是辛奇，辛奇是韓國」。太多痛苦的事情，彷彿無法呼吸一樣，所以我用日本名字生活。隨著自卑感越來越重，我看到奶奶覺得難為情，甚至躲著奶奶。

後來，父親因咳血倒下。比自己大一歲的哥哥從高中退學，開始掙錢。為了克服家庭危機，我決心成為企業家。讀完《龍馬行》後，我的人生發生變化。我從龍馬的想法、決斷和靈活的態度中學到很多。就像龍馬脫藩（譯註23）一樣，我想成為企業家，我要去美國。去美國之前，我與奶奶在韓國轉了兩週。微小燭光下圍坐在樸素的餐桌旁，奶奶臉上的欣慰笑容，至今還記憶猶新。

軟銀總裁孫正義很早看出來自馬來西亞車輛共乘新創公司「Grab」的潛力，並於二〇一四迅速投資，一舉佔領了東南亞平台市場。不僅如此，他在二〇一六年成立的願景基金中，引入沙特阿拉伯主權財富基金等阿拉伯資本，重新繪製全世界新創企業的地圖。二〇一八年，三星旗下公司後來也投資了晉升為「十角獸」（decacorn，企業價值

譯註23：指日本江戶時代的武士從藩中脫離而成為浪人的行為。

十億美元以上）的Go-Jek，但大型競賽已經全部結束。這個例子告訴我們，資訊科技企業不只是技術開發的本事而已，看得又廣又遠的地理想像力也很重要。[01]

孫正義會長以解讀世界的卓越眼光，在初期發掘了阿里巴巴、Uber等企業，成長為全球性企業。他是一下子就做出決策的果敢賭徒。二〇〇〇年，他與馬雲第一次見面，確認其發展藍圖後，僅用六分鐘就下決心進行鉅額投資。起初，孫會長以四千萬美元的投資要求四九%的股份，但馬雲拒絕了。孫會長再次提出以三千萬美元持有三〇%的股份，經過長時間的討論，最終達成了二千萬美元的投資協議。此後，孫會長繼續增資，二〇一四年八月，他成為擁有阿里巴巴三四．四%股份的最大股東。二〇一四年九月，阿里巴巴在美國股市上市時，總募集金額為兩百一十七億兩千萬美元，創下了美國股市史上最大規模的首次公開發行（IPO）紀錄，孫正義被認定為「點金神手．孫」（Midas Son）。但是，孫正義並未就此罷手，從二〇一五年投資中國唯一的車輛共享企業「滴滴出行」，二〇一八年透過願景基金投資中國應用人工智慧的社交平台新創企業「字節跳動」。根據國際市場調查研究巨頭CB Insights，這兩家企業躍升為世界上成長潛力最大的中國新創企業，以二〇二〇年六月為基準，字節跳動和滴滴出行分別被評價為市值七百五十億美元和五百六十億美元的企業。

孫正義會長跨出日本和美國矽谷，早早進軍世界市場的理由為何？因為他意識到，如果停留在逐漸萎縮的日本國內市場，就沒有未來的危機。索尼、松下、東芝、日立、夏普等企業雖然都是具備強大技術實力的電子企業，但為配合日本國內消費者的苛刻要求，產品過度進化。結果只能生產可在過度精細之日本市場流通的產品，淪為國內內銷的企業。

現在，日本將成為世界上人口年齡最老的國家，低生育、高齡化快速進行，未來更加黯淡。軟銀超越日本國內穩居第一位的NTT Docomo，躍升為日本第一大通訊公司，但用戶數卻處於停滯狀態。最終，孫正義憑藉「惟有開拓第三世界的新市場，發掘新領域，才能實現持續增長」的冷靜判斷力，早早將目光轉向世界。軟銀的一位幹部在接受《日本經濟新聞》採訪時佐證說道：「我們總是攤開世界地圖，決定投資與討論事業營運。」

跨出中國，走向下一個亞洲——東南亞／印度

孫會長從二〇一三年開始正式投資東南亞。軟銀創投公司在東南亞首度投資印尼網

購平台「Tokopedia」後，在二〇一四年與二〇一八年追加投資十億美元，讓Tokopedia升上獨角獸的行列。Grab也是孫會長總共投入七十億美元以上，成長為東南亞第一個十角獸公司，可以說，他已經接收東南亞的平台市場。孫會長同時成為東南亞代表超級應用程式Grab和印尼最大線上交易企業Tokopedia的最大股東，早已搶佔引領東南亞數位經濟的雙頭馬車。

此外，軟銀從二〇一四年到二〇一五年集中投資十一家印度當地技術企業。二〇一四年投資夢想成為印度阿里巴巴的Snapdeal（電子商務），然後將投資範圍擴大到Ola（車輛共乘）、OYO（飯店預約）等。二〇一六年在新德里舉行的「新創企業印度」上，孫會長表示「印度將在今後十年內追隨中國過去十年間展現的成長」，並且公開更多投資計畫。實際上，他在二〇一七年透過願景基金向電子商務企業Flipkart追加投資二十五億美元，向專營電子支付的Paytm追加投資十四億美元，向飯店預約新創企業OYO追加投資兩億五千萬美元，讓印度的獨角獸企業接連誕生。軟銀超越各投資九間公司的紅杉資本（Sequoia Capital）和騰訊，成為投資最多印度新創公司的企業。

孫正義描繪的大圖和「群策略」

如果將孫會長投資的各個企業像拼圖般一一拼湊起來，就能看見他構想的生態系統，畫出未來世界的大圖。二〇一八年六月，孫會長在軟銀股東大會上提出未來的投資策略為「群策略」。「群」意味著成群結隊，他的大膽構想是吸引佔據各領域第一名的公司，打造「資訊革命平台」。孫會長請股東們想像一下宇宙空間，用空間比喻說明自己的藍圖：「如果軟銀是漂浮在宇宙空間的恆星，那麼環繞周圍軌道的行星就是軟銀投資的新創企業。」他預測今後人工智慧技術將從根本徹底顛覆醫藥品、交通、建設等所有領域，所以集中投資各領域的第一大新創企業。

他的第二個計畫是建立願景基金，搶佔成長性高的新創企業，以壟斷未來的平台企業。為了實現自己的願景，孫會長在二〇一六年主導建立規模為一千億美元的願景基金，在全球規模上建構資訊科技生態系統，開始掌握人工智慧、無人駕駛汽車等未來技術的主導權。孫會長透過願景基金發掘全世界有潛力的新創企業，果斷進行大規模的投資，成為「世界獨角獸之父」。以二〇二〇年六月為基準，世界上價值最高的十二家獨角獸級新創企業中，字節跳動、滴滴出行、One97 通訊（譯註24）、DoorDash、Grab 等多達五家被列入孫正義的投資企業名單。這些都是在各自領域擁有獨佔鰲頭地位的第一大新創公司。

那麼，孫正義會長是如何選擇要投資的企業呢？他的標準明確，原則嚴格。首先，投資擁有用戶大數據且運用人工智慧技術的企業。下一階段，分析從自己投資的企業收集的龐大用戶大數據，然後基於結果構想新的事業。此外，孫會長投資的企業彼此有機連結，即構成數位技術革新生態系統。

例如，二〇一六年受英國脫歐餘波影響，英鎊價值暴跌時，孫正義會長突然閃電收購成立於英國劍橋的半導體設計公司 ARM，目標是向全世界連接一兆個物聯網設備。他判斷認為，再加上輝達（Nvidia）的深度學習技術，將創造巨大的附加價值。如果孫會長投資的全世界車輛共享平台與正在開發的無人駕駛汽車上搭載輝達和 ARM 兩家公司開發的晶片，經過深度學習的無人駕駛機器人投入電子商務企業的物流倉庫，各企業所擁有的技術綜效將最大化。總之，孫會長優先投資的企業是用戶數據豐富、積極運用人工智慧的企業。也就是說，孫會長以投資彼此連結的新創企業，打造技術革新的生態系統為目標，他經常看著世界地圖，像拼圖般尋找收購的企業。

Coupang 理事會議長金範錫在美國度過青少年時期，就讀哈佛大學時也有創業經驗。他看透孫會長的宏圖，提出以「韓國地理特性」為基礎的成長策略，「雖然韓國的面積小於龐大的美國市場，但這裡有世界上最稠密的人口密度，而且資訊科技和物流基礎設施發達」。後來，他在二〇一五年和二〇一八年，兩度獲得孫會長約達三十億美元的龐大投資。幸好有孫會長的果斷投資，Coupang 在赤字累積下依然不受影響，繼續向前邁進。Coupang 看著韓國地圖，建構「火箭配送」的物流中心（fulfillment center），繼續革新運用大數據的物流、配送體系。Coupang 在新冠疫情之後迅速成長，達成壓倒性的市場佔有率，躍升為「韓國亞馬遜」，二〇二一年初，更在美國股市成功掛牌上市。擁有三三%以上 Coupang 股份的孫會長，成為 Coupang 上市的最大受惠者。他擁有的 Coupang 股票市價約為三百億美元，規模達到原投資金的十倍。孫

譯註24：Paytm 是 One97 通訊公司旗下的主打品牌。

會長很早就開始投資Daangn Market（二手交易社區市場）、Trevari（讀書俱樂部）、Apartmentary（室內設計）等韓國有潛力的新創企業，同時以中國、韓國、印度、東南亞等亞洲地區為中心，持續擴張他的帝國。

24 矽谷，二十一世紀的遊戲據點

不知道該做什麼的時候，才能真正做點什麼。
不知道該走哪條路的時候，才是真正旅行的開始。

——納欣·希克美（Nâzım Hikmet），土耳其詩人

一九六〇年，矽谷還有很多果園，盛產櫻桃、李子、杏子等水果。後來，一九六〇年代中期，舊金山變成追求反戰運動、和平、平等的嬉皮人士空間。而且，今日矽谷是以史丹佛大學為中心，富有投資者與聰明怪咖（nerd）共存之地。美國西部代表性私立名校史丹佛大學的創始人利蘭·史丹佛（Leland Stanford），則是一名建設連接東西部鐵路而致富的男人。

史丹佛夫婦與晚年得來的獨生子一起在歐洲旅行時，兒子在義大利佛羅倫斯染病死亡，因此傷心欲絕。為紀念十五歲早逝的兒子，他創立史丹佛大學。史丹佛夫婦衷心希

望，西部青年不用去遙遠的美國東部的常春藤盟校或歐洲知名大學，也能在美國西部接受最高教育。史丹佛大學一直帶頭培養矽谷所需的人才。史丹佛大學校長強調挑戰精神而力陳道：「比起寫幾篇研究論文，更重要的是改變世界的革新。」

矽谷躍升為美國、乃至世界資訊科技革命的中心，由於來自全世界的人才而充滿活力。尤其，這裡甚至有「矽谷由ＩＣ驅動」的說法，透過Ｉ（印度）、Ｃ（中國）出身的人力與資本流入而成長至今。實際上，印度出身的資訊科技技術人員和經營者，為矽谷企業的技術革新與全球化做出貢獻，中國籍人力與資本正在加速矽谷的革新。根據「美國政策財團」的報告，以二〇一六年一月為基準，八十七家獨角獸企業中，四十四家新創企業由移民者創立，佔了一半以上。而在四十四家新創企業中，來自印度的移民創立了十四家公司，遠超過分別創立八家新創公司的加拿大和英國，以壓倒性的優勢佔據第一位。

根據安娜麗·薩克瑟尼安（AnnaLee Saxenian）教授，一九九〇年左右矽谷的開拓者中，科學和工程領域從業人員的三分之一來自海外，特別是資訊科技工程師的

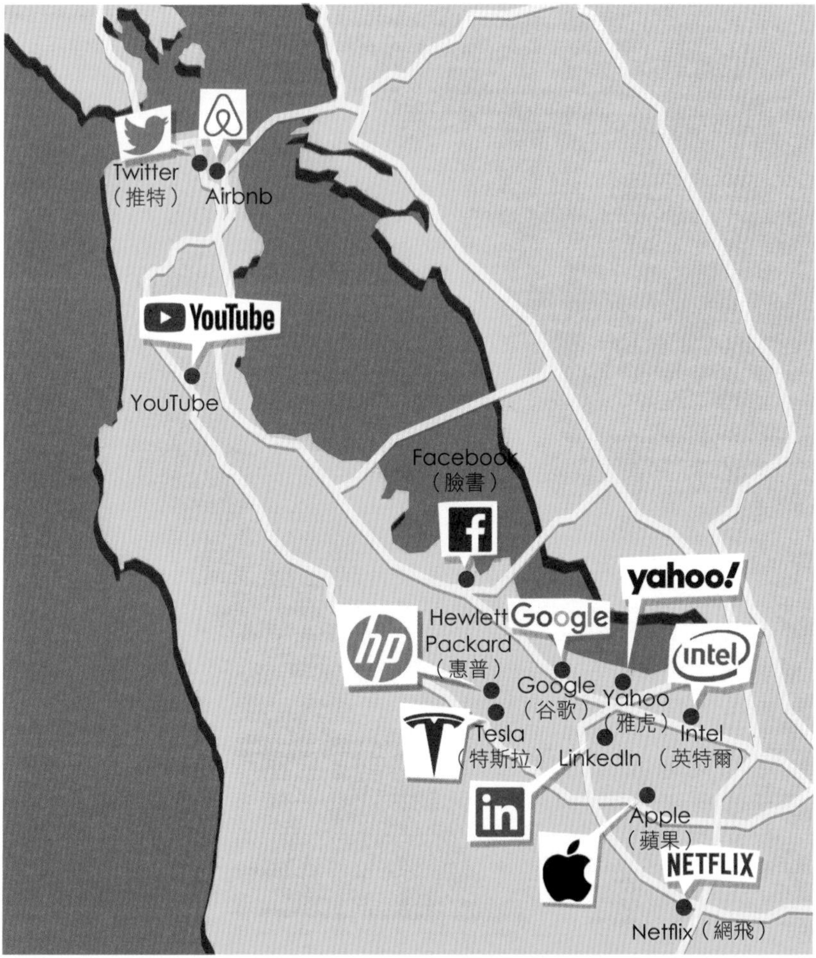

Google、蘋果、特斯拉等首屈一指企業群聚的矽谷有「兩小時法則」。

二三%，即兩萬八千人以上是印度出生的移民。印度是數學和工學領域的人才出口國，當地最高學府印度理工學院（Indian Institutes of Technology, IIT）在美國《時代週刊》（*Times*）評選的世界理工學院評等中排名第三。甚至有人開玩笑說：「印度理工學院落榜，進入麻省理工學院（MIT）。」由此可見，印度理工學院是培養高國際競爭力人才的世界級教育機構。

矽谷生態界的另一重要主題是「自由的企業文化」，矽谷先驅惠普公司（Hewlett Packard）在第二次世界大戰正酣的一九三九年一月，從矽谷的一間車庫起家，從此開始生產音響振盪器、電腦、噴墨列印機、雷射列印機等各種電子產品，創造巨大收益。為了激發職員們的熱情，引領矽谷內企業文化的惠普在每週五下午舉行「啤酒派對」，一到週五，職員們就會比平時更快完成工作，一邊喝啤酒、吃餅乾，一邊與兩位創業者交流。後來，矽谷的其他公司也在星期五下午舉行啤酒派對。可以說，在惠普上班後跳槽到其他公司或新創業的人，以及來到惠普後受到企業文化新鮮衝擊的人，矽谷處處皆是惠普文化帶來的結果。

此外，矽谷的另一彗星 Facebook 強調「駭客精神」的文化。Facebook 總部的地址甚至更名為加州門洛帕克市（Menlo Park）駭客路（Hacker Way）一號。駭客文化高度評價與獎勵創意問題的解決和快速決策，特別吸引創新人才。

「兩小時法則」內含的投資哲學

矽谷有「兩小時法則」，也就是說，不投資車程超過兩小時的公司。這是從一九七〇代初期在沙丘路（Sand Hill Road）形成「西岸華爾街」時，開始流傳下來的不成文規定。他們認為，投資者要想積極參與企業經營，就應該在能夠面對面對話的距離。結果，矽谷內的企業全都在兩小時內可以乘車移動的範圍。這與被譽為矽谷智者的尤金・克萊爾（Eugene Kleiner）曾提出的法則有關。

克萊爾定律是「押騎士不押馬」。這是不管公司行業為何，只根據創業者的資質和力量而決定企業投資的策略。身為投資者，他經常與創業者見面，認為能夠近距離看到企業成長很重要。結果，為了得到投資，創業者往投資者所在地移動，成為提高投資機率的確切途徑，地理選址絕對是有利的。此外，所謂「PayPal 黑手黨」等權力人脈的存在，證明了矽谷特定時期發生的事，最終成為事業成長的決定性因素。實際上，在美國代表性大科技企業中，「跟著朋友創業而成功」的例子俯拾皆是。

「押騎士不押馬」的矽谷投資原則不僅適用於企業，也適用於大學。社會學家琳恩・祖克（Lynne G. Zucker）與經濟學家邁克爾・達比（Michael Darby）主張，比起鄰近創投公司或政府補助效應，明星學者更加重要。[02] 從資訊科技、生命工學到經濟學，一名地圖力卓越的非凡明星對城市與地區經濟發展的影響非常大。在平台經濟主導的二十一世紀，更加強化「有些人在他們的領域鶴立雞群，不止比某些相當好的人再更好一點點而已。他們要好上一百倍。」的理論。

先移動的人掌握先機

那麼明星學者、明星企業家是如何誕生的呢？一個人要成為真正的革新家，需要豐富的創造力與地理想像力。成天關在小房間或室內度過青少年時期的人，很難發現這種資質。

一九五五年出生於美國華盛頓州西雅圖市的比爾・蓋茲（Bill Gates），從就讀西雅圖著名私立高中起就開始製作電腦程式。一九七四年十二月星期六，曾是電腦狂人的保羅・艾倫（**Paul Allen**）為了見同鄉晚輩蓋茲來到哈佛大學。漫步校園的艾倫偶然看到《大眾電子》（*Popular Electronics*）雜誌一九七五年一月號刊登的微型電腦廣告。「這是迄今為止最強大的微型電腦品項，只要四百美元以下就能設置。」艾倫對新產品的消息十分興奮，他把雜誌拿給蓋茲看，二十一歲的艾倫和十九歲的蓋茲立即投入為「**Altair 8800**」開發程式語言。

一九七五年，蓋茲與艾倫完成基本開發，由於**Altair 8800**的製造商微儀器與遙測系統公司（**Micro Instrumentation and Telemetry Systems, MITS**）位在新墨西哥州阿布奎基（**Albuquerque**），他們遂赴阿布奎基創業。蓋茲確認事業可能性後，從哈佛大學中輟，在一九七八年總公司搬遷到故鄉西雅圖之前，就在新墨西哥簡陋的汽車旅館與出租房開發專案。透過**Altair 8800**廣告照片、兩位天才的快速執行力，以及移動到陌生城市的決斷力，世界最大的軟體公司微軟於焉誕生。

為了構想長期發展藍圖，蓋茲每年進行兩次「思考週」。深諳地理力量的他，蟄居在美國西北部湖邊附近的小別墅裡，閱讀職員們寫的報告與書籍，讓思考在一週內變得更成熟。據說，能夠在網路瀏覽器市場上超越第一名「網景」（**Netscape**）的契機，以及進軍線上電玩市場的決定，也都是歷經思考週而誕生的。

受微軟蝴蝶效應影響而重生的西雅圖

一九七〇年代後期，西雅圖是陰沉天氣下為高犯罪率與失業率苦苦掙扎的不安城市。但在一九七九年一月初某個雨天，微軟總公司搬遷過來後，城市的命運發生變化。正如前述，微軟原在一九七五年創立於新墨西哥州阿布奎基。阿布奎基有尖端產業和科學研究園區入駐，附近有藝術、文化、旅遊中心聖塔非（Santa Fe）。這裡鄰近美麗的風景和豐饒的大自然，是美國代表畫家喬琪亞・歐姬芙（Georgia O'Keeffe）的安身之處。

反之，西雅圖在當時是「絕望城市」。經濟依賴的是搖搖欲墜的製造業與木材業，製造業的一半職務在運輸部門。雖然西雅圖是波音與承包廠商企業入駐的航太產業中心，但一九七〇年代至一九八〇年代初期是波音處於最劣勢的時期。西雅圖每一萬人中的搶劫事件比阿布奎基多五〇％，也沒有一家像樣的博物館、美術館、餐廳等。在當時，星巴克充其量是一家只賣咖啡豆的商店。

然而，蓋茲和艾倫決定回到故鄉西雅圖，一九七九年一月一日，他們不顧不想離開阿布奎基的職員反對，收拾行李，搬到西雅圖與華盛頓湖之間的恬靜貝爾維尤（Bellevue）。由於微軟的蝴蝶效應，電腦工程師與愛書的學究型人物紛紛湧入西雅圖。星巴克取代酒吧大受歡迎，西雅圖成為咖啡、書籍、資訊科技產業的聖地。

薪資多寡取決於居住地

柏克萊大學教授、義大利出身的經濟學家恩里科・莫雷蒂（Enrico Moretti）在《新創區位經濟》（*The New Geography of Jobs*）一書中分析西雅圖等城市興起、底特律等傳統製造業中心城市沒落的原因。他主張，城市繁榮的最重要因素是強有力創新企業的存在。實際上，直到一九八〇年代初為止，西雅圖一直是個沒落的港口城市，由於微軟的爆發性成長和亞馬遜等資訊科技企業的群聚效應，才蛻變成為創新城市。03

傑夫・貝佐斯（Jeff Bezos）是繼承蓋茲、賈伯斯譜系的傳奇新創企業家。貝佐斯在美國普林斯頓大學主修電氣工程學，大學畢業後曾任華爾街的投資家，後來目光轉向新創企業，一九九四年在西雅圖創立亞馬遜，即蓋茲將公司遷往西雅圖的十五年後。貝佐斯之所以選擇西雅圖，就是看中那裡微軟出身的軟體技術人員和程式設計師眾多，創業生態界的創投資本豐富且發展良好。

此外，西雅圖還向企業提供稅金優惠。由於網路零售商對公司所在州外的消費者可不課賦銷售稅，所以將公司所在地設在消費者眾的加州旁邊更為有利。結果，以往每年夏天與爺爺一起在德州夏季農場工作、乘坐露營車在全國旅行而擁有卓越地圖力的貝佐斯，做出的空間決策顯然正確。亞馬遜從網路書店起家，透過增加唱片、影像、玩具、電子設備等銷售種類，目前已成長為世界最大的線上交易企業，蘊藏貝佐斯太空夢的「藍色起源」（Blue Origin）總部也坐落在西雅圖附近。貝佐斯的發明與徬徨，目前依然是進行式。

二〇〇〇年代初期，網路颶風達到頂點，各層各界專家一致做出「新經濟給予企業與勞動者更多場域自由」的結論。在討論全球化的書籍中，《世界是平的》是最具影響力的著作，作者湯馬斯．佛里曼（Thomas Friedman）在書中提出廣為人知的主張，認為手機、電子郵件、網路使通訊壁壘大幅降低，所以物理位置不再重要。他預測道，如果沒有必要進行物理接觸，矽谷等地方將會從地圖上消失。

然而，現實卻恰恰相反。地理的力量反而變得更強了。證據是莫雷蒂教授在《新創區位經濟》中所寫的：「薪資多寡取決於居住地，而非履歷。」拉斯維加斯的侍者與聖地亞哥的侍者、西雅圖的大學畢業生與阿布奎基的大學畢業生、舊金山的電腦科學家與紐約的電腦科學家……，住在哪裡的人年薪更高呢？即使擁有類似的實力和資歷，聖地亞哥的侍者、阿布奎基的大學畢業生、舊金山的電腦科學家更可能獲得較多的年薪。或許這就是蓋茲和貝佐斯選擇在西雅圖，而非在阿布奎基開展事業的原因？他們剛開始也是無法支付職員高薪的新創公司社長。

莫雷蒂教授注意到創投資本以現場為中心，他從「兩小時法則」進一步提出「二十分鐘法則」，也就是創投資本家會優先提供資金給距離辦公室車程二十分鐘內的企業。有紅杉資本、凱鵬華盈（Kleiner Perkins Caufield & Byers）投資Google、蘋果、亞馬遜、甲骨文、雅虎、YouTube、PayPal、網景、思科（Cisco）的矽谷是創業者的天堂。若要讓投資者得以順利主動觀察、培養、指導新事業，創業者前往距離投資者較近的地方是絕對有利的。如果想成功，就必須去矽谷或西雅圖。[04]矽谷的成功神話，是證明世界絕對不平坦的例子。

阿布奎基有何特別之處？

微軟始於一九七五年阿布奎基六十六號公路旅館的房間。雖然新墨西哥州的首府是聖塔非，但鄰近的阿布奎基有更多人居住，且有國際機場連接美國其他大城市和墨西哥等地。新墨西哥州是在一八五一年編入美國的第四十八州，而阿布奎基是新墨西哥州的最大城。隨著一八八〇年鐵路開通，一九二六年開建的六十六號公路從芝加哥一路連貫到洛杉磯，中間通過阿布奎基，從此移民者蜂擁而至。

阿布奎基位於海拔一六一九公尺的高原地帶，天氣舒爽宜人。東面有三二五五公尺高的桑迪亞山脈（Sandia Mountains）環繞，格蘭河（Rio Grande River）流經中心地帶，水資源也很豐富。隨著世界級企業英特爾入駐附近，高科技企業開始湧入，阿布奎基一躍成為研究原子彈、太陽能、微晶片等的尖端產業中心。阿布奎基位於全年氣候溫和、資源豐富、勞動力與選址優勢兼備的太陽帶地區，二〇〇六年獲《富比士》評選為美國企業條件最佳地區第一名。

25

讓Google成為金字塔頂端企業

薪資多寡取決於居住地，而非履歷。

——恩里科．莫雷蒂，美國經濟學家

創投投資企業網景（Netscape）創業僅六個月就上市的消息，從矽谷傳到華爾街，震撼了整個美國。一九九五年八月九日，以每股二十八美元上市的網景在第一個交易日漲到七十五美元，突然擁有超過三億美元的企業價值。雖然它是小規模的搜尋引擎公司，未能實際獲利，但這不成問題。因為它每季度的銷售額都以一〇〇%的速度成長。

這時，史丹佛大學計算機工程學系也散發出金錢的味道。一九九六年二月，賴利．佩吉（Larry Page）和謝爾蓋．布林（Sergey Brin）搬到最新式四層樓建築「蓋茲電腦科學館」（Gates Computer Science Building），這是比爾．蓋茲捐贈六百萬美元建成的大樓，Google神話就從這裡的三〇六號辦公室開始。。

華德福幼兒園出身，兩名意氣相投的猶太人工科學生

佩吉和布林的相遇可以追溯到一九九五年。佩吉出生於美國密西根州，布林出生於俄羅斯莫斯科，但共同點為都是猶太人，父母都是大學教授。而且兩人都是生活在自由環境，接受喚醒孩子各自潛能的先進華德福教育（不已預定的教育目標引導孩子，而是要喚醒孩子內在潛力的教育）。

布林的家人受俄羅斯反猶太人政策之苦而舉家移民美國。雖然得到來自俄羅斯猶太人的幫助，但經濟情況非常困難。他們住在馬里蘭大學附近郊區工人階層聚集的水泥房，但布林的父母把兒子送到學費昂貴的蒙特梭利私立小學，而非公立小學。布林接受讓孩子尋找自己學習方向、方法與速度的蒙特梭利教育，學會自己開拓自身道路的方法。在那裡，沒有人說一定要做什麼。雖然他英文不好，但熱衷於數學猜謎和科學研究，大學主修數學和計算機工程，而且獲得美國國家科學基金會的獎學金，在史丹佛大學攻讀計算機工程博士課程。

另一方面，佩吉也是接受蒙特梭利教育的街頭智慧男孩。佩吉的父母是密西根州立

大學計算機科學教授，他從小就在《大眾科學》（*Popular Science*）等科學雜誌垂手可得的氛圍中長大。有此環境，佩吉從六歲開始學習電腦，在小學是第一個用文字處理提交作業的學生。他從小就對發明很感興趣，將開發出交流電等的發明家尼古拉・特斯拉（Nikola Tesla）奉為偶像。在密西根州立大學主修計算機工程時，還用樂高積木製作噴墨印表機。喜歡觀察街道的佩吉，對於新穎改良的交通系統非常感興趣。

他在交通混亂的底特律附近長大，從小就對人與商品移動的方式常有創意想法，特別是思考消除交通事故、物流費用、大氣污染和交通堵塞等各種問題的具體方案。這些都是典型的都市地理學主題。當時他早就想像到自動送達目的地的無人駕駛系統，相信透過無司機的計程車等自動運輸系統，可以裝載更多的人與貨物，降低成本，提升高速公路的效率。[05]

一九九五年，佩吉與布林在史丹佛大學相遇。當時兩人正在攻讀計算機科學博士課程。雖然當時已經出現多種搜尋引擎，但無一能夠在龐大訊息中做精確搜尋，當時，佩吉關注到網際網路代表性特徵之一「超連結」（hyperlink）的可能性。寬大畫面中央嵌入巨大標誌，單純極簡的搜尋欄，還有放在「搜尋」按鈕旁邊的「好手氣」（I'm feeling lucky）字句，搜尋引擎 Google 就這樣在網路世界亮相。這個全無廣告橫幅的搜尋引擎，名字取自「Googol」，意指十的一百乘方（10^{100}）。

搜尋引擎 Google 的核心，就是工科生暨數學生佩吉和布林開發的演算法。若是點擊「好手氣」而非「搜尋」，Google 的搜尋結果更是難以置信地快速與準確。在此之前，進入網站的入口網站（portal）是「雅虎」（Yahoo），但現在沒必要為了找到自己喜歡的網站而在入口網站上徘徊許久。結果，Google 在一九八八年創業兩年後，迅速成長為單日達一千八百萬筆搜尋的美國最大搜尋網站。而且「Google」很快就被用來作為意指「搜尋」的動詞。

更接近夢想自由世界的嬉皮，勝於老大哥的角色

二〇〇四年，Google 由於新發想的廣告而收益劇增，股價在美國納斯達克上市後直線上升。首次交易的每股價格為一百美元，後來股價在二〇〇七年還曾經突破七百美元。二十多歲的兩位創業者，經營公司突破常規，自由舒適的工作環境造就人們對 Google 這間公司的幻想。就連由於微軟壟斷而激烈指責蓋茲的網民，也對一手掌握搜尋市場的

Google 示好。

廣告收益佔總銷售額九七%的 Google，向消費者免費公開其他所有服務，一一挑戰微軟的堡壘。二〇〇四年開始提供免費 1GB 大容量郵箱的 Gmail 服務，瞬間壓倒微軟的 Hotmail。特別是二〇〇五年引進的 Google 地圖，正是使 Google 成為壓倒性搜尋引擎的關鍵。

無論蓋茲或賈伯斯都擁有出色的市場行銷和商業直覺，也都因壟斷和封閉性等飽受社會批評。但 Google 的創業者在發展公司方面想走與前輩不同的路。對他們來說，比起「商業思維」，「工程師思維」更重要。Google 著名的座右銘「不作惡」（Don't beevil）中，包含了佩吉和布林的意志，他們與之前成功的資訊科技巨擘們不同，認為不必厚顏無恥也能賺錢。在二十一世紀展開新地圖力的 Google 創始人，他們更接近夢想自由世界的嬉皮，勝於老大哥的角色。

矽谷創業者們的火人祭之愛

每年一到勞動節（九月第一週的星期一），讓佩吉、布林、馬斯克等矽谷巨頭瘋狂的慶典就在沙漠舉行。在內華達州拉斯維加斯附近的黑岩沙漠（Black Rock Desert）中，慶典參加者會在九天之內打造出一座城市，然後在最後一天破壞期間製作的一切，燒掉木製的巨大人形雕像，因此取名為「火人祭」（Burning Man）。多達七萬名的參加者只會收到計畫與地圖，所有的一切都是從無至有，自由組成共同體，發揮想像力，進行各種革新實驗。這裡白天熱、晚上冷，是生存困難的環境，而且完全不能使用金錢、智慧型手機等文明利器，返回原始時代，成為喚醒人類內在生存本能的特殊體驗。實際上，馬斯克的「太陽城」（SolarCity）事業靈感就是透過火人祭構想出來。

在維京文化根深蒂固的北歐，擁有夏至（即白天最長的一日）燒大火的傳統。一九八六年，拉里．哈維（Larry Harvey）和傑里．詹姆斯（Jerry James）在舊金山海邊為紀念夏至，燃燒木製人形，這就是火人祭的濫觴。自一九九〇年起，為了躲避警察的管制，舞台轉移到沙漠，且發展成為表現自己、追求多樣性、享受自由和解放感的場所。一九九九年八月底，火人祭慶典在全世界聲名大噪，因為Google首頁的「塗鴉」（Doodle）上出現火人祭標誌，其實，當時此舉是為了讓人知道為火人祭著迷的佩吉和布林在慶典期間身處沙漠，所以無法聯絡得上。二〇〇一年，他們突然聘請埃里克．施密特（Eric Schmidt）擔任Google執行長，也因為施密特是火人祭慶典的參加者，矽谷的挑戰精神與火人祭的嬉皮精神似乎不謀而合。

26 Google 地圖革命和寶可夢 GO

無論你去哪裡，那地方都會成為你的一部分。所有旅行都是愛情的探險。

——傑克·坎菲爾（Jack Canfield），美國作家

第二次世界大戰結束後，包括哈佛在內的東部大學名校陸續廢除地理系，美國精英的地圖力隨之急劇衰退。在中小學現場，地理教育愈來愈空洞，地理文盲增加，國家競爭力下降，令人憂心日增。有人提出批評，外交官們不懂地理，反覆出現失誤，連主修歷史的布希總統也是如此，嚴重阻礙美國的國家安全。06然而，隨著Google地圖（Google Map）的開發和地圖革命的出現，美國的國運再次呈現上升趨勢。

Google 地圖在到處是地理文盲的美國掀起革命。Google 地圖告知到達目的地的最短路徑，Google 地球（Google Earth）讓人可以在房內觀賞未曾去過之地的風景，擴增實境（AR）遊戲《寶可夢GO》（Pokémon GO）正在消除現實和虛擬的界限。現在人們不再拿著紙質地圖。在世界任何地方，打開智慧型手機地圖應用程式，設定目的地後，就沿著箭頭移動。公車或地鐵等大眾交通的出發和到達時間，可以即時確認；在房間裡頭，就能立體地欣賞大峽谷。透過地圖應用程式，可以避開懸浮微粒濃度高的地區或傳染病患者去過之處。隨著線上房地產買賣、乘客與司機連結、快遞追蹤等新服務不斷出現，移動（mobility）產業正在不斷進化。

所有這些變化都源於Google基於位置的服務「Google地圖」，Google發現人們輸入的搜尋詞中，每四個就有一個與空間資訊、地名有關，因此迅速收購「Keyhole」等數位地圖製作企業，從此開始制壓雅虎和Explorer等其他搜尋引擎。不僅美國，全世界都隨之展開巨大變化。

載有德州男孩夢想的地圖公司——Keyhole

要談Google地圖，首先必須說明新創企業Keyhole。一九九九年春天，德州大學同學約翰・漢克（John Hanke）與比爾・基爾迪（Bill Kilday）相遇，大膽的創意與革新從此開始。漢克將伺服器連接到顯示器上，輸入基爾迪的地址後，從太空到地面，瞬間畫面鏡頭拉到地面的基爾迪家屋頂。居然人在家裡還可以看到自己家外，基爾迪被「令人驚奇」的數位地圖吸引，加入漢克創立的新創公司 Keyhole，負責市場行銷。

不過，在當時，這地圖還只是新奇的玩具，許多人對它的用處半信半疑。Keyhole 在網路泡沫崩解之際，一度瀕臨枯死。後來多虧美國中央情報局（CIA）計畫，才得以擺脫危機，在美國首度進攻伊拉克時，它獲得關鍵性的機會。CNN 報導戰爭時，使用 Keyhole 技術且標明出處，從而聲名大噪。這時，Google 了解地圖和空間資訊的潛力，決定收購 Keyhole。

Google 將 Keyhole 的服務發展成為 Google 地圖和 Google 地球，引起賈伯斯等用戶的熱烈反應。他們說：「一夕突如其來的成功，背後需要二十年的努力。」Google 地圖中蘊含德州男孩們的自由想像力。德州是美國幾乎唯一一個在國高中學習地理，州立大學的地理學系佔有優勢且人才輩出的州。

自二〇〇五年在美國正式問市以來，截至二〇二〇年，Google 地圖已在兩百多個國家提供服務。可以在地圖上確認「我的位置」，乃至找到前往目的地的路，這項服務讓許多事情變成可能。Google 將全世界的地理資訊系統化，免費提供 Google 地圖和 Google 地球等的策略引發革命，而此一革命仍在進行中。

二〇〇七年，Google 地圖與服務納入智慧型手機，很快成為蘋果和安卓手機的殺手級應用程式。餐飲評論專門網站 Yelp 和 OpenTable、線上房地產中介企業 Zillow、線上旅行社 PriceLine、車輛共享服務 Uber 等都受惠於 Google 地圖，得以提供創新服務。Google 地圖和街景服務（Street View）透過道路實況（Ground Truth）專案計畫，最終與無人駕駛汽車直接連接。

實現寶可夢 GO 的 Google 地圖

此外，擴增實境手機遊戲《寶可夢 GO》也是受惠於 Google 地圖革命而得以誕生。眾所周知，《寶可夢 GO》是打破實際和虛擬界限的擴增實境遊戲。現已脫離 Google 總公司的 Niantic，憑藉第一部作品——基於位置服務的擴增實境遊戲《虛擬入口》（Ingress）迅速成長。《虛擬入口》遊戲是以綠色啟蒙軍（Enlightened）和藍色反抗軍（Resistance）兩個陣營相互競爭，走向現實世界展開領土爭奪戰的方式進行。戰後回到城市的用戶與人見面，在數位世界之外，與成為朋友的遊戲玩家形成社區。

Niantic 將有趣地區資料庫化的過程也製作成遊戲。因此，用戶集成約一千二百萬家分店，後來成為《寶可夢 GO》的寶可夢補給站（PokéStop）。《寶可夢 GO》以《虛擬入口》的機器學習、資料、技術為基礎製作而成，二〇一六年七月上市，下載次數與收益皆刷新歷史記錄，成長極為迅速。在《寶可夢 GO》以前，其實沒有以可視性成果來證明擴增實境應用的例子。雖然現今擴增實境已經成為熱門的技術趨勢，但在當時是驚天動地的事件。《寶可夢 GO》將良好地圖與連結我們周圍所有對象與空間資訊的技術有效接軌，成為最常被提及的擴增實境技術成功事例。

世界上所有東西皆已可無線連結，即使離開桌上螢幕，也可以進行搜尋。原本固定坐在椅子上玩的遊戲，現在也可以在戶外玩。數位技術讓人能夠在虛擬世界和現實世界穿梭。

請你想像，你正站在第二十四街和瓜達盧佩街之間的德州大學校園裡。你拿起手機，用攝影鏡頭對著一個雕像。根據 Google 街景數據資料使用電腦視覺對應

（computer-vision-based mapping），你的手機識別出這是國會眾議員芭芭拉．喬丹（Barbara Jordan）的雕像，一個半透明、優雅的訊息泡泡立刻浮現在雕像頭上，上面顯示她的姓名、生卒日期和主要立法成就。雕像被勾勒上藍色的輪廓線。這時，雕像似乎活了過來，眾議員喬丹開始對你說話，向你述說她在一九七六年麥迪遜廣場花園中，民主黨全國代表大會上發表專題演講的精采片段。07

在今後不斷進化的世界裡，人們會專注於智慧型手機，還是會抬起頭，用新的視角更深入了解特定場所的歷史、建築和文化意義，認識周遭世界？究竟會透過豐富知識而更忠於當下，還是變得更散漫，我們很難馬上知道，但是什麼樣的人會勝利已見分曉。他們是在地球任何地方都能掌握正確位置，擁有提供系統檢索最佳地圖的企業和人們。

筆者深諳地圖的重要性和地理的力量，像學生玩電腦遊戲一樣，我懷著好奇心，嘗試了快樂自學的校外體驗活動。雖然夢想著開發出運用擴增實境的地理課，甚至取得技術專利，但在僵硬的韓國教育現實和行政體系中，這一切成了無用之物。如果我在二〇〇八年選擇了美國德州州立大學，而非韓國的教育大學，那會怎麼樣呢？那樣的話，堪比擬《寶可夢 GO》的創新式地理教育似乎就自由可行，我再次切身感受到空間決策的重要性。

韓國的問題兒童，在矽谷展翅高飛

受惠於將虛擬現實和實際空間巧妙結合的《寶可夢 GO》，當時被視為過時遊戲公司的任天堂也隨之股價暴漲。《寶可夢 GO》在故鄉日本正式上市後，原本與世隔絕，有氣無力待家中生活的繭居族（隱遁型自我孤立者）終於走出世界。充電寶、便當、運動鞋等寶可夢相關商品也熱銷。有人評論說，日本政府也沒能救活的經濟復甦火種，被漫畫中可愛的怪物角色們救活了。

《寶可夢 GO》爆紅的神話，並非由政府或企業主導。小時候與朋友們一起分享友情的回憶、可愛怪物們展現的可愛趣味、離開故鄉走向未知世界的少年幻想，都是核心的成功要素。《寶可夢 GO》在美國、澳洲、英國等地也大受歡迎，影響及於人們的生活。不管是室外活動不足而飽受肥胖和憂鬱症困擾的大人，還是成天在黝暗房間裡只看電腦畫面或智慧型手機的孩子，全都被吸引到戶外，寶可夢的威力可見一斑。

此外，《寶可夢 GO》不僅緩解了對電腦遊戲的負面偏見，還給相關企業帶來新的商業和行銷機會。從地理學者的觀點來看，《寶可夢 GO》未來很可能超越單純遊戲，成為串連線上與實體的革新教育工具。

然而，你知道《寶可夢 GO》的藝術、感性層面是由一名曾是小搗蛋鬼（？）的韓國青年負責嗎？Niantic 藝術總監黃正穆（Dennis Hwang）從五歲到國中二年級生活在京畿道果川市，住在簡樸的低層公寓二樓，體驗四季變化的大自然度過童年。他經常因筆記本填滿漫畫塗鴉而挨老師責罵，不過，母親總是給他溫暖的擁抱，時時鼓勵他。

在韓國是「平凡（？）問題兒童」的他，高中時前往美國，在矽谷旁的史丹佛大學主修純美術和計算機工程，後來幸運開始降臨。日後在一九九八年成立 Google 的佩吉和布林，當時正就讀史丹佛大學計算機工程學系。黃正穆畢業後，透過同為 Google 初期成員的宿舍朋友介紹，進入 Google，展開夢想之翼。

他以首次繪製 Google 紀念日標誌塗鴉的藝術家身分獲得肯定，Niantic 創立後更一夜致富。相較於畢業於美國東部名校成為律師的模範生哥哥，這位搗蛋鬼小兒子獲取更大的財富和成功，現在成為在家陪伴父母生活的孝子。順帶一提，黃正穆的父親黃晚益教授是筆者的恩師，他曾是首爾大學師範學院地理教育系的經濟地理學家。

這要歸功於 Google 地圖革命嗎？原本由於費解原因而在一九四八年被廢除的哈佛大學地理系，二〇〇六年又華麗復活。[08] 由地理空間圖書館和哈佛地圖博物館基金設立的「地理分析21中心」（The 21 Center for Geographic Analysis）在哈佛大學計量社會科學研究所內開館，地理學則獲得「地理資訊科學」（Geographical Information Science）的新名字。

日本和義大利國運衰敗的原因為何？

三十年前，在世界市值排名前五十位的企業名單中，日本企業多達三十三家，當時日本迎來鼎盛時期。一九八五年《廣場協議》（*Plaza*

Accord）引發的日元強勢，對日本經濟造成巨大打擊，日本從內部開始崩潰。第二次世界大戰時以海軍軍官身分服役的盛田昭夫，在一九四六年成立索尼（Sony）。他是一名地圖力卓越的企業家，經常展開世界地圖，積極四處活動。一九七一年，他在美國推出「隨身聽」，掀起邊走邊聽音樂的革命。然而，在隨身聽之後，索尼未能再推出革新產品，一直陷於苦戰，他說保守的學校教育正在挫敗日本青年的霸氣，甚至寫了《學歷無用論》一書。被譽為「知之巨人」的評論家立花隆也提出「知的亡國論」，認為文部省的官僚主義正在破壞大學教育。他特別批評，文科知識和理科知識相悖，即大學疏忽了地理的綜合思考，因此出現大量「專家傻瓜」。[09]京都大學教授中西寬也感嘆道：「名校在學生就像蠶繭一樣被保護膜包圍，陷入安樂感的誘惑，失去走向外國的魄力。」[10]實際上，二〇〇四年達到八萬名的日本留學生，在二〇一四年減少到五萬名左右，日本「失落的二十年」可能是地圖力下降的副作用。

反之，美國是由看著地圖移動的人主導的國家。約三三%的美國人離開自己出生的州，在其他州生活。研究結果顯示，教育水平愈高的人愈積極移動，實際收入水準也愈高。撰寫《新創區位經濟》的莫雷蒂教授原為義大利人，他對充滿耀眼創意的義大利青年們只關心時尚，卻害怕新地方的挑戰而感到惋惜。由於不想離開朋友和父母身邊，於是經常放棄能夠積累經驗、獲得更高年薪的機會。文藝復興時期，以佛羅倫斯銀行為中心的義大利，是主導歐洲經濟的革新中心，但現在淪為邊陲，難以找到活力。二十一世紀的義大利是歐洲地理教育最差的國家之一，整個國家的青年普遍地圖力低、不好移動，導致失業問題惡化，國運走向衰敗。

27 中國深圳，連結地圖帝國和獨角獸的搖籃

夫地勢者，兵之助也，
不知戰地而求勝者，未之有也。

——諸葛亮

「連結地圖」（Connectography）是「連結」（Connect）與「地理」（Geography）合成的新造詞，在帕拉格．科納（Parag Khanna）的著作《連結力》（*Connectography*）出版後廣為人知。他認為，要在二十一世紀的戰爭中獲勝，僅靠「地理即命運」是不夠的，必須強調「連結即命運」。二十一世紀的高速公路／鐵路／管道等能源與物品／人才運輸通道、資訊／知識和金融／技術以光速流動的網路／通訊網等功能性社會基礎設

施的跨國連結非常重要。如果說之前的地理環境決定了國家和民族的興亡、文明和歷史，那麼現在連結性是關鍵。與哪裡連結、連結多緊密，這就是全球連結性；現在，全球連結性左右個人、企業、國家興亡盛衰的世界已經到來。

上方表格顯示每個國家的 Facebook、WhatsApp、Instagram 用戶數。如果過去的地圖標明了土地的廣度和國家之間的界限，那麼未來的地圖應該以在何種平台上聚集多少人為中心，描繪出完全不同的地圖。實際上，進入英國的「Worldmapper」網站，就可以看到表現多種主題的地圖。

隨著第四次工業革命、平台革命像海嘯一樣湧來，地緣政治危機愈演愈烈，連結地圖益發重要。它不僅影響個人或企業，還能左右國家的命運。現在是大企業必須確保全球平台，保持「具競爭力的連結性」才能生存的時代。Google、亞馬遜等所謂當紅企業，為了利用與空間資訊相關的大數據，減少物流費用，開拓新市場，特別禮遇地理學家和GIS專家。曾以李健熙會長導師身分引領三星電子改革的吉川良三說明了第四次工業革命帶來的變化，他強調：「現在行銷也從已開發國家進展到第三世界，從框架性的分析報告書進化成發掘新市場的地緣政治學製造業。」現在已經到了地理學家的專業性不可或缺的時代，現場能力強大的地理學家與資訊科技技術人員和大數據專家平起平坐。不僅企業，個人、城市、國家也必須找到相輔相成的策略性夥伴，具備洞悉狹縫利基的地理想像力。

連結地圖革命的範例——防彈少年團

可惜的是，韓國的連結地圖思考似乎僅僅侷限在硬體。連結地圖的基本是地理，必須理解當地的文化與傳統，讀懂人們的慾望和感情，然後進行空間思考。從這個意義上來說，防彈少年團（BTS）是洞悉「連結地圖革命」的環境變化，積極利用社群網路，從而成長為世界性偶像團體的代表性成功事例。

防彈少年團的神話從二〇一二年十二月十七日開設 YouTube 頻道及上傳影片開始。對於難以抓住機會站在主

平台	第 1 位	第 2 位	第 3 位
Facebook[11]	印度（2 億 8,000 萬人）	美國（1 億 9,000 萬人）	印尼（1 億 3,000 萬人）
WhatsApp[12]	印尼（1 億 3,000 萬人）	巴西（9,900 萬人）	美國（6,810 萬人）
Instagram[13]	美國（1 億 2,000 萬人）	印度（8,800 萬人）	巴西（8,200 萬人）

未來的地圖必須根據平台使用者人數，畫出不一樣的地圖。

流電視台舞台上的無名新人來說，沒有多少選擇的餘地。後來，防彈少年團席捲告示牌雜誌（Billboard）排行榜，躍升為超越披頭四的傳奇組合，在此之前，他們構建了結合「內容－網路－平台－設備」的完美移動生態系統。熱情且凝聚力強的粉絲俱樂部「阿米」（A.R.M.Y），更成為防彈少年團帝國的堅實後盾。

阿米被稱為「數位原生代」的熱情粉絲組成，透過各種社交網路與防彈少年團熱烈交流。有趣的是，以二〇一八年為基準，擁有最多阿米的國家不是韓國。包括排名第一位的菲律賓在內，分別排名第三至第六位的印尼、越南、泰國、馬來西亞等國都是東南亞國家。排在第二位的韓國之後還有巴西（第七位）、美國（第八位）、墨西哥（第十位）。特別的是，台灣（第九位）超越世界第一人口大國中國，成為防彈少年團帝國的重要地區。防彈少年團的連結地圖，在未來我們擴張連結時，可作為了解何處是有利地區的指南。

在連結地圖時代，連結性高的人，就是越多朋友、越有競爭力的人才。《連結力》的作者科納是去過一百六十多個國家的印度出身學者，也是經常給我靈感與刺激的好朋友。

「大陸神話」中國與逆向創新

「逆向創新」（Reverse Innovation）（譯註25）是美國達特茅斯大學維傑・高文達拉簡（Vijay Govindarajan）教授提出的概念，源自邊陲革新會逆流到中心地已開發國家市場的理論。策略是在新興市場實現產品與服務革新後，將其重新帶回已開發國家。如果全球技術差距縮小，新興國家當地企業的逆向創新範圍將進一步擴大。逆向創新的代表性國家就是中國。像抖音（TikTok）、大疆創新（DJI）等這類在中國市場製造的創新產品與服務，正在擴散到美國、歐洲等西歐已開發國家。現在，中國不再是單純的消費市場和生產基地，而是「逆向創新」的主角，主導包括已開發國家在內的世界經濟。

此外，高文達拉簡教授還主張，進軍發展中國家的跨國企業首先要放棄偏見，在空白狀態下重新定義事業。如果新興國家比已開發國家先測試並應用新的商業模式和內容，創新會更加果敢，失敗機率也會減少。如果新興國家是能夠獲得龐大市場數據的規模，那更是如虎添翼。

例如，擁有全世界二十億多名用戶的移動聊天工具平台WhatsApp開發的付款服務，也不是始於美國或歐洲等已開發國家，而是先在擁有十三億人口的印度市場進行測試後才啟用。二〇一八年，WhatsApp以印度市場為基礎，與巴西最大的信用卡企業Siero合作，引進向個人和企業匯款的服務，讓匯款如同用戶聊天時附上照片或分享影片一樣便利。

與已開發國家相比，發展中國家移動化、智慧化進行得更快，商業擴張速度也加快，邊陲反而成為革新的中心而備受關注。特別是隨著中國本土數位革新的加快和大規模投資持續加碼，中國的數位經濟已經增長到壓倒矽谷的水準。阿里巴巴、騰訊、華為、小米等中國企業正在躍進，創業生態系統的建設也很活躍。比起就業，絕大多數中國青年更願意創業。像馬雲、馬化騰這類創業者是他們的榜樣。中國政府和共產黨在聘用人才時，也特別禮遇曾經失敗，但有創業經驗的青年。

事實上，中國的逆向創新在抖音之前就悄無聲息地進行著。引領中國數位產業生態界的BAT（百度、阿里巴巴、騰訊）效仿Google、亞馬遜、Facebook的事業模式取得

譯註25：維傑・高文達拉簡（Vijay Govindarajan）、克里斯・特林柏（Chris Trimble）著，陳亮君譯，《逆向創新：奇異、寶僑、百事等大企業親身演練的實務課，教你先一步看見未來的需求》（*Reverse Innovation: Create Far from Home, Win Everywhere*），臉譜，2013。

但現在BAT反而比美國企業更快引進新技術且進行革新。這是以十四億人口創造的巨大數據為基礎，建立新的商業模式後，擴散到全球市場的策略。

過去是中國企業複製美國企業打造的商業模式（Copy to China, C2C），現今的氛圍則進展成美國企業以中國企業商業模式為標竿（To Copy China, 2CC）。中國創業界的新星——無人機企業大疆創新（DJI）搶佔天空這塊新空間，現正迅速成長。大疆創新的革新性反映了消費者的多重需求，它以比競爭公司快三至四倍的速度為經營基礎，持續推出新產品。此外，它超越個人用無人機，向農業用無人機、軍事用無人機、電影拍攝用無人機等領域擴張，引領全球市場。尤其，能夠製造高性能無人機的國家，以軍用無人機領域有限制的美國、中國、以色列三國為中心，最近中國企業在性能和價格競爭方面處於領先地位，每六個月推出最新型無人機，速度非常快，呈現壓倒性的優勢。

最年輕、革新最快的未來城市——深圳

阿里巴巴、騰訊等代表中國的資訊科技企業不是從北京或上海崛起，而是從偏遠城市開始。夢想在杭州當英語教師的馬雲，與朋友在小公寓一起創立了阿里巴巴。阿里巴

巴不僅夢想成為中國最大，更是亞洲最大的電子商務企業，總部所在地杭州從「傳統的旅遊勝地」轉變為「尖端智慧城市」。

騰訊、大疆創新誕生的深圳，也構建了不亞於矽谷的創業生態系統。在短短三十年的時間裡，深圳的人口增長三百倍以上，從一個小漁村變成擁有一千五百萬人口的巨大城市。不僅人口增加，還成為中國最具革新性的未來城市、世界製造業的首都。在街上買糖炒栗子的時候，只能用QR碼付款，甚至乞丐也用QR碼乞討。這裡聚集了包括軟硬體在內的技術企業，充分發揮中國獨角獸企業的搖籃作用。

中國人口接近十四億，是一個潛力巨大的市場。但是對於外國企業來說，存在許多難以逾越的障礙。在中國，eBay、Uber、Google、亞馬遜等跨國大企業都未能穩定下來而撤退，韓國人想要在此創業且取得成功，實非易事。如果不是與中國投資者合作的企業，從法人設立到上市，需要克服許多難關。由於中國是社會主義國家，對外國創業者的限制很多，而且法人稅率也比韓國高，大城市的租金更不亞於江南。就連具備產品和服務競爭力的韓國大企業，也擺脫不了政治影響力。實際上，二〇一六年之後，薩德部署問題曝現，進軍中國的韓國企業不得不停業或撤離。

28

繪製地圖不斷創新的 Netflix

一幅沒有畫入烏托邦的世界地圖，根本不值一瞥。

——奧斯卡．王爾德（Oscar Wilde），愛爾蘭詩人暨劇作家

有的企業由於新冠疫情而更加快速成長，受到熱烈矚目。Netflix（網飛）正是一例。Netflix 急速成長，乃至與 Facebook、亞馬遜（Amazon）、Google 並駕齊驅，被併稱為 FA「N」G。Netflix 以無限提供娛樂內容來竊取世界人們的時間，所以 Netflix 執行長曾說：「我們的競爭對手是睡眠時間。」現在數位世界的全球基礎設施在一定程度上已經完成，所以填補基礎設施的文化內容愈來愈重要。Netflix 迅速佔領世界影視內容市場，甚至與大型恐龍企業迪士尼對打，它的成功也有「地圖」現身登場。

Netflix 創始人里德．哈斯廷斯（Reed Hastings）在鮑登學院（Bowdoin College）主修數學，繼史丹佛大學取得計算機科學碩士學位之後，創立了處理軟體障礙的純粹軟

體公司（Pure Software，後來出售給更大的公司）。他對尖端技術業務瞭如指掌。作為積極的消費者，他也很理解消費者的需求。他認為，所謂網路，在當時多少有些陌生的這項基礎設施，將成為選擇電影更快、更方便的方法。為實現這個簡單又核心的洞察，他在一九九七年成立Netflix。

二〇〇一年某日，哈斯廷斯在分析消費者滿意度調查結果時，突然有個想法。惟獨舊金山灣地區Netflix用戶的問卷回答率比其他地區高。這是問卷調查結果中，唯一足以說明加入率差異的巨大差距。事實上，舊金山地區的所有Netflix會員都對他們能夠如此「快速」觀看電影讚不絕口。美國其他地區的人，皆無諸如此類的反應。

看到問卷調查結果的哈斯廷斯，感覺有如當頭棒喝。因為理由非常明確，無需進行複雜的統計分析。答案就是地理的力量。由於收發Netflix所有DVD的流通中心，在舊金山地區十分密集。例如，住在奧克蘭（Oakland）、聖拉斐爾（San Rafael）、帕羅奧圖（Palo Alto）的顧客，週一早上為了返還電影而郵遞給Netflix，週二到達的DVD將在週三傳遞給申請該電影的其他顧客。全部都在四十八小時之內處理好，滿意度當然非常高。反之，居住在美國東部紐哈芬（New Haven）、巴爾的摩（Baltimore）

等地的顧客，為了收到電影，需要等待四天至六天。這種程度的延遲足以讓人忘記Netflix，使等待下一部電影且有規律規劃觀賞電影的人感到失望。

在風起雲湧娛樂業界中的生存方法

像這樣，雖然Netflix使用優秀程式設計師製作的卓越軟體來經營，但依賴遠距離和郵遞系統的方式沒有改變。究其原因，縱使Netflix是展示尖端技術精髓的企業，也從屬在地理的力量之下。隱藏在Netflix成功背後的祕密武器，就是早在兩百年前由班傑明・富蘭克林打下基礎，由美國郵政局公務員營運的類比媒體。他們研究了與尖端技術相距甚遠的「郵遞系統」，並且制定策略。

哈斯廷斯在發現這個特別的真相後，立刻攤開呈現美國整體的郵政地圖，立即投入行動。二〇〇二年一月二十一日，他在洛杉磯下面的聖塔安娜（Santa Ana）開設第二個流通中心。次月在波士頓郊外的伍斯特（Worcester）開設第三個流通中心。此後數週裡，哈斯廷斯和職員們觀察洛杉磯和波士頓的會員加入率如何變化。當然，加入率開始持續上升，最終以超過舊金山地區兩倍的比率上升。當地的Netflix會員們很驚訝能在四十八小時內收到新的電影，自發向親友鄰居宣傳此一消息。

一年過去，又有九家流通中心開設，二〇〇三年新設十二家。結果，開設新流通中心的所有地區，加入率立即上漲兩倍。就像啟動開關一樣，流通網從一個城市傳到另一個城市，掀起Netflix的需求熱潮。也就是說，根據地圖制定且實施的空間策略，取得驚人的成果。

最有趣的是，每當事業性質發生變化時，不同於大多數企業因無法適應而破產，Netflix不斷轉型，在過去十五年內靈活應對風起雲湧的娛樂商業環境變化。首先，從利用郵件的DVD租賃業，轉變為在網上提供老電視系列或電影串流媒體服務的事業。然後擺脫提供回顧型內容的服務，推出了《紙牌屋》等外包製作的新原創內容。之後放棄專利使用權轉讓的委外方式，直接成立製作公司，轉換為製作具權威性得獎電視節目和電影的方式，《怪奇物語》（*Stranger Things*）、《紙房子》（*La Casa de Papel*）等作品於焉誕生。此後，Netflix從集中於美國內需的企業，成長為帶給全世界一百九十多個國家娛樂內容的跨國企業。

取消規則，製作麻煩地圖

隨著新創公司的出現，現有產業的破壞速度大大加快。現在為了生存，單憑跟上變化的速度或調整是不夠的。所有人、所有團隊都接受計畫隨時會化為烏有，不將挑戰視為包袱時，才能成功。

Netflix 減少了出差規定、支出規定、休假規定等。即使組織越來越大，人才密度也越來越高，如果反饋越來越頻繁，相互坦誠，核准程序也不必複雜。屆時只要有幾道指導方針，就不會有任何問題。Netflix 讓管理者以條理，而非控制的方式來引導一般職員，對一般職員強調「不要討好上司」，擴散水平文化。讓這種文化扎根，形成良性循環。在規範與控制消失的地方，將形成「自由與責任」（freedom and responsibility，Netflix 職員常縮寫為 F&R）的文化。哈斯廷斯選擇在地圖上標明所有事情的解決方式，將之模式化為「自由與責任的文化」。他採取的方式是聘用最優秀的人才，然後給予自由，減少控制。這樣一來，組織就會變得非常敏捷，達到一般公司難以企及的程度，而且革新也會日常化。於是，Netflix 成為職員滿意度高於 Google 的夢想職場。

受到世界矚目的 **Netflix** 文化，並非經由人才管理系統或手冊形成。反之，這是將營造職員們能夠盡最全力挑戰的氛圍放在首位，減少規範與程序而形成的文化。尤其，為了讓所有成員在自由的氛圍下坦誠吐露麻煩，解決問題，製作且共享「麻煩地圖」（**hassle map**）的策略起了主要作用。《引爆需求》（*Demand*）的作者史萊渥斯基（**Adrian J. Slywotzky**）將麻煩地圖定義如下：[14] 畫出浪費時間、精力、金錢而製作的產品、服務、系統之特徵為何，藉由該圖表（從顧客的觀點）精確說明自己體驗到的麻煩、失望、混亂，還有（從需求創造者的角度）列出所想得到的機會。這是將隱藏在職員和顧客體驗中的不安、不便、複雜、潛在危險等集合而成的地圖。

有了麻煩地圖，在 **Netflix** 任何級別的人都無需獨自承擔憂慮。最重要的是，麻煩地圖有讓人能夠一次掌握需要採取措施的現場，並且即時分享新見解的優點。麻煩地圖會揭露哪些業務不必要且複雜活動太多，或者哪些業務的價值或目標不明確。此外，麻煩地圖可以從視覺上表達顧客經歷的麻煩，從空間上分析問題，獲得創造需求的靈感。在繪製麻煩地圖的過程中，同時會感受到現實情況多壞、能夠變得多好，從新的角度來看現實的問題。

攻佔 Netflix 狹縫利基的 iFLIX

天外有天，人外有人，Netflix 之後有另一企業登場。在宗教文化多樣、族群網絡跨越國境且錯綜複雜的東南亞，縱橫天下的 Netflix 也陷入苦戰。特別是身為西方企業，很難越過穆斯林的文化壁壘，有企業抓住這個狹縫利基成長，那就是「iFlix」。被封為「東南亞 Netflix」的 iFlix 公司，創立於二〇一四年馬來西亞吉隆坡，它向非洲、中東國家在內的二十八個國家進軍，擴大規模。iFlix 創始人馬克．布里特（Mark Britt）為澳洲出身，長期在東南亞生活，體認到當地的文化差異與多樣性，所以他製作與提供為東南亞特化的內容、不會讓穆斯林有排斥感的影像，藉此方式集中攻略東南亞和中東地區。

穆斯林人口和消費者接近世界人口三〇%，對於面臨成長侷限的企業來說，不啻是藍海。布里特在二〇一九年接受《企業家》（Entreprener）採訪時表示：「八〇%以上的iFlix亞洲地區用戶是為了收看本國電影、網路影集、體育等地區內容而加入iFlix。所以，iFlix九八%的內容是提供營運國家觀眾想要的本土化內容，剩下的二%由迪士尼、派拉蒙（Paramount）、索尼、BBC、首要媒體（Media Prima）等英語圈製作的內容組成。」他斷言道：「雖然所有市場都有精通英語、喜歡全球服務的富有精英，但真正進入市場後，區分成功與失敗的力量來自當地的普通人。尤其重要的是提供當地年輕人想看、想聽的故事。」iFlix領悟到以最大限度理解東南亞和亞洲各國的市場特性，展開相應的本土化戰略是很重要的，它也持續付諸實踐，後來騰訊在二〇二〇年收購iFlix。

29

在地化的Swingvy，全球化的Azar

現在重要的不是市場調查，而是市場發掘。未來的市場行銷是「地緣政治學製造業」。

——吉川良三，日本企業專家

為適應第四次工業革命時代，我們關注矽谷、英國、德國、日本等已開發國家的技術開發動向，但真正的大事業機會，其實隱藏在低度開發國家。東南亞地區是中小企業的王國。中小企業市場佔有率達到九五%，東南亞的中小企業數量超過七千萬個，比韓國總人口還多。東南亞的行政體系和社會制度鬆散，社會文化複雜，對於國內中小企業來說，可能成為藍海。由於文化、宗教、種族複雜多樣，國家、各地區經濟水平差異較大，這樣的環境反而被認為是大企業難以接近的市場。此外，東南亞與前述的中國不同，英語良好的人才豐富，對外國人幾乎沒有差別待遇，是適合創業的地區。

世界人資管理軟體市場正在急劇膨脹，從矽谷開始創業的公司 Gusto、Namely 等，紛紛進入獨角獸的行列。但在東南亞，連生產革新產品且提供服務的企業內部，電算系統也常常很糟糕。甚至還有使用超過二十年舊人資管理軟體或用手記一一計算工資的企業。曾在安博士（AhnLab）負責東南亞地區事業的崔瑞鎮代表，認為東南亞市場的潛力很大，因此決定創業。他認為不入虎穴，焉得虎子，所以從一開始就追求徹底的本土化。首先，他果斷打破「創業要在韓國進行」的成見。崔代表說明了二〇一六年當時的情況：

「Swingvy 的成敗取決於時機，但沒有時間在韓國創業且接受投資，再進軍東南亞。」

真正的大機會隱藏在低度開發國家

Swingvy 為東南亞地區的中小企業開發特性化的雲端人資程式，然後再做銷售，核心市場為馬來西亞和新加坡。由於平時事業合作有交集，崔代表結識了原任馬來西亞電訊公司事業開發總監的馬來西亞華裔 Tho Kit Hoong。Swingvy 辛苦挖角他來擔任共同創業者，這對穩定當地事業有很大的幫助。東南亞全境有華僑網絡，而且聘請對馬來西亞企業界產生影響力的核心人士，可以減少初期的費用與風險。Swingvy 創業後也聘請各領域的權威專家組成當地的保險中介公司代表。雖然深入了解當地市場、聘請良好人脈的頂級專家是Swingvy一貫推進的本土化策略，但也有例外。Swingvy認為東南亞開發者的水準未達預期，所以在韓國單獨成立開發組織。這是將總公司設在新加坡，開發在韓國進行的逆向思維空間策略。這與在韓國設立總公司、在當地設立研究開發組織的大企業截然相反。

東南亞中小企業對於使用昂貴的甲骨文（Oracle）、SAP等跨國企業產品感到有負擔，Swingvy集中攻略這些東南亞中小企業而迅速成長。二〇一六年六月創業，當年十月只有五十多家客戶公司，到了二〇一九年增加到四千五百家，打破了業界認為「新創企業很難進入企業用軟體市場」的偏見。根據各國及地區勞動法，軟體提供從健康保險推薦到出勤管理、工資計算、稅務等多種功能，在東南亞確保了差別化的競爭力。

Swingvy免費提供職員資訊和上下班管理、休假管理等基本功能的服務，但高級功能工資計算和健康保險推薦是收費提供的。在體驗免費服務後，再採取收費轉換的策略，二〇一九年顧客公司的收費商品使用率提高到一七%。Swingvy以從客戶公司獲得的工資、人力相關大數據為基礎，向僱主推薦適合的保險且進行中介，憑藉這樣的模式，從二〇一八年開始，將業務擴大到保險中介業領域。東南亞企業只有加入僱用保險的義務，健康保險、生命保險、汽車保險等必須由個別企業自行加入，Swingvy 其實已經看透這種不方便的情況。

二〇一七年，Swingvy 從美國創投公司和英國保險公司獲得了一百六十萬美元的投資，夢想成為「東南亞的 Gusto」，公司一步步向越南、菲律賓、印尼擴張，主要投資北美和歐洲新創企業的三星電子，選擇了 Swingvy 作為創投投資的第一家東南亞企業。Swingvy 善用東南亞各國中小企業皆佔大多數的特殊性、開放的氛圍、當地人力與網路而迅速成長，它的例子為夢想創業的韓國人帶來希望與可借鑒的經驗。

始於世界地圖的「Azar」偶然成功神話

由於新冠疫情的緣故，許多年輕人沒有見到異性的機會而感到孤獨，歐洲甚至出現了「肌膚接觸飢渴症」（Skinship Hungry）的新造詞。無法旅行，也不能談戀愛，為了這些鬱鬱寡歡的人，網上出現了可以安全認識異性朋友的服務，在智慧型手機應用程式商店搜尋「Azar」下載後，設定想交朋友的國家，瞬間就能體驗新世界。以「世界廣闊，朋友眾多」的積極姿態，在網路上與各式各樣的外國朋友進行對話，就能幸運找到自己的靈魂伴侶。外語和世界地理的學習是附送的好處。

使全球戀愛得以實現的應用程式「Azar」，由韓國本土新創公司開發，這個緣於偶然失誤的成功神話，主人公是安相一代表。二〇〇七年，正在就讀首爾大學材料工程學系的安代表開發了本土搜尋引擎「Rebi Search」，被稱為「挑戰Google的學生創業投資家」，一時備受矚目，創業不到一年就徹底倒閉。在此後的七年裡，他反覆創業十多家企業又歇業的過程，獲得「連鎖創業者」的綽號。從紫菜包飯生意到服裝店，經營過程雖然辛苦，但他沒有放棄夢想。二〇一四年與首爾大學、浦項工大出身人士共同創立「超連結」（Hyperconnect）公司，安代表推出一對一視訊通話聊天應用程式「Azar」。首先，應用程式的名字不同尋常。它不是韓語，而是西班牙語「Azar」，意指「偶然」。從一開始，這個應用程式就以全球市場為目標。在約會應用程式單純以照片為主的時期，透過Azar可以「倫敦男性」、「首爾女性」的方式指定地區和性別，與地球另一端的陌生人進行視訊對話，是一門相對創新的服務。

因工程師失誤而誕生的全球熱門應用程式

一開始，Azar 原本只打算在市場規模較小的紐西蘭開放下載，試探事業的可能性。一方面，由於資金不足，另一方面，成功與否也還在未定之天。然而，由於工程師的失誤，應用程式直接在全球市場上市，奇蹟竟然出現。渴望自由的國際戀愛、有真實感的外語學習，全世界的網民為之瘋狂，尤其對女性壓迫愈嚴重的國家，如印度和中東地區，消費者的反應愈熱烈。在無人期待的台灣，反應也非常熱烈，僅一天就有二十多萬人下載 Azar 應用程式，Azar 已經成長為累計下載次數達五億四千萬的全球應用程式。雖然九九%的 Azar 用戶是外國人，在國內還比較陌生，但在中東地區被稱為「中東的 Kakao Talk」，人氣宛如旋風，繼指定自己想要的地區和性別，就能搜尋對方的模式採收費制後，Azar 還確保其收益性。

Azar 的銷售額在二〇一八年和二〇一九年分別激增到一千零四十五億韓元和一千六百八十九億韓元，二〇二〇年則在上半年就達到一千二百三十五億韓元。二〇二〇年，新冠病毒在歐洲擴散，Azar 超過抖音等響噹噹的全球社交媒體，在 Google 應用程式下載排名中排行第四，隨著封鎖措施和保持社交距離的時間拉長，Azar在歐洲的用戶也激增。截至二〇二一年，Azar在二百三十個國家以十九種語言提供服務，使用人數超過一億人，將於二〇二一年二月被美國「Match Group」（運營世界最大約會應用程式「Tinder」等四十多個社交媒體，市價總額達四十七兆韓元）收購。十七億二千五百萬美元的收購金額僅次於外送民族，位居歷史第二。Azar的成功事例證明，即使是資本不足的小型本土新創企業，只要展開世界地圖，發揮地理想像力，就能在全球市場取得驚人成果。

對中小企業更有利的印尼

在全世界新創企業邊境市場（frontier market）備受矚目的地區是東南亞。結果顯示，印尼被選為創業投資交易活躍國家第一位，馬來西亞排名第四，泰國排名第九，作為全球風險資本投資之地，東南亞的人氣很高。特別是由數千個島嶼組成的印尼，行政落後，基礎設施惡劣，從這一點來看，這是發生「跳蛙」（leapfrog）現象的良好條件。最近隨著美中貿易矛盾激化，東南亞成為美中企業搶佔市場而展開競爭的平台經濟熱點，更加受到關注。最近印尼的創業生態界急劇發展，韓國資訊科技業界也對此非常關注，在延世大學主修統計學後，畢業於歐洲工商管理學院（INSEAD）新加坡商學研究所的史蒂芬·金（Steven Kim）很早就關注印尼。他在雅加達創立了平台企業「Qraved」，培養成為印尼政府認證的百大潛力新創企業。

東南亞每個國家和地區的文化和制度不盡相同，所以中小企業開拓的狹縫利基市場仍然存在，可以嘗試的新事業項目也無窮無盡。印尼的特別優點在於，它不是只有大企業才能蓬勃發展的地方，具有中小企業也有機會的相生生態系統。在困境下離開祖國，赴印尼開啟事業卻大獲成功的韓國人，其實出乎意料地多。但要在東南亞市場取得成功，必須了解當地文化、宗教和語言，採取滿足消費者多樣化需求的個別化行銷策略。尤其在印尼，穆斯林佔總人口的八五%以上，而且種族和語言多樣，即使是全球性大企業，也很難未經徹底實地調查就進入市場。

30 矽溪與矽草原的興起

渴，方知水；飄洋過海，方知陸地；劇痛，方知狂喜；
曾經警告的戰爭，方知和平；墓地，方知愛情；雪，方知鳥。
——艾蜜莉・狄金森（Emily Dickinson），美國詩人

根據《經濟學人》（*Economist*）智慧單元二〇一八年發表的數位環境報告書，世界上技術革新速度最快、創業生態系統急劇發展的城市，不是矽谷所在的加州舊金山，而是印度中部內陸的邦加羅爾。此外，印度的孟買、新德里，中國的北京、上海、廣州、深圳，東南亞的雅加達、馬尼拉、新加坡等亞洲新興城市，也在迅速進行數位革新。特別是印尼的首都雅加達超越倫敦（第九位）、紐約（第十一位）、新加坡（第十四位）、首爾（第二十七位），排在第八位。特別是在具體指標之一的革新與企業家精神方面，排在第八位，超過中國的代表性創業城市之一——深圳（第十一位）。

排名	整體環境		革新與企業家精神		財務環境	
1	邦加羅爾	8.25	邦加羅爾	8.2	邦加羅爾	7.9
2	舊金山	7.71	孟買	7.75	新德里	7.55
3	孟買	7.65	北京	7.53	舊金山	7.48
4	新德里	7.59	倫敦	7.43	北京	7.47
5	北京	7.56	新德里	7.35	紐約	7.41
6	馬尼拉	7.39	紐約	7.32	孟買	7.4
7	上海	7.26	舊金山	7.29	倫敦	7.3
8	雅加達	7.25	雅加達	7.26	馬尼拉	7.29
9	倫敦	7.24	上海	7.14	雅加達	7.18
10	馬德里	7.08	馬尼拉	7.05	哥本哈根	7.13
11	紐約	7.03	深圳	7.05	廣州	7.09
12	巴塞隆納	7.02	哥本哈根	7	芝加哥	7.01
13	廣州	6.93	杜拜	6.93	深圳	7
14	新加坡	6.89	廣州	6.91	上海	6.97
15	芝加哥	6.87	馬德里	6.87	馬德里	6.96

二〇一八年《經濟學人》發表的數位環境報告書中收錄的表格。首爾、板橋等韓國城市未能進入排名。

環境愈惡劣跳愈高的青蛙

技術落後的國家省略中間發展階段，積極接受數位革命，比已開發國家增長更快，這就是「跳蛙現象」。對於已經擁有電話、用電腦連接網路的已開發國家人民來說，智慧型手機或許只有輔助作用。類比世代的西歐老年層，對於新技術的排斥感也相當強烈。老人比重高、漢字多的日本，仍然有很多用傳真預約的旅館（傳統旅館）。但處在生活環境惡劣之地的人們，積極接受技術革新。愈是不便和惡劣的環境，青蛙會跳得愈高，所以比起已開發國家，發展中國家的數位革新可能會更快、更果決。若要瞬間實現「跳躍」，在落後地區反而會有較大的機會。最近手機使用人口爆發性增長的地方，不是西歐的已開發國家，而是亞洲、中南美、非洲的低發展國家。

韓國線上教育巨擘 Megastudy 的會長孫主恩預計：「比起畢業於哪所大學，與別人不同的創意更重要，大學入學考試產業也會在十年內沒落。」由於世界最低出生率和高齡化，韓國的未來一片黯淡，沒有學習天分的人（多少有點偏激）主張「應該去東南亞、非洲做生意」。對於「韓國現在無解」的觀點，雖然贊成與反對兩派意見紛紜，但為因應韓國人口結構的急劇變化，似乎大家都認同「大重置」（Great Reset）有其必要。或許孫會長已經看過世界人口地圖，特別是正確呈現手機使用人口的世界地圖？

與矽谷直接相連的矽溪

韓國資訊科技企業的創意性和韓國國民的快速適應能力，真的非常厲害。特別是一九九九年在韓國國內推出、備受歡迎的線上虛擬社區 Cyworld 和虛擬貨幣 CyDotori，現在想想也是非常具有革新意義的服務。是否 Cyworld 可以視為 Facebook 的始祖、CyDotori 視為區塊鏈的鼻祖呢？如果 Cyworld 創始人早早展開世界地圖，挑戰全球舞台，那麼 Facebook 可能無法誕生。位於板橋的潘朵拉電視（Pandora TV）的創業速度比成為全世界文化資訊工廠的 YouTube 還要快，韓國的 Naver 比美國 Google 早一年成立，所以韓國肯定是真正的資訊科技強國。二〇一四年左右，我在東南亞進行實地調查時，LINE 在泰國、印尼是亞洲最早的資訊應用程式，人氣非常高。但在猶豫不決的時候，LINE 被從美國發跡的 WhatsApp、中國的微信迅速超越。如果當時擔任 Naver 全球投資負責人的理事會議長樸海鎮專注於東南亞市場，而非日本市場，LINE

會不會成長為擁有魅力韓流內容的亞洲代表平台企業呢？二〇一四年，當時孫正義反而離開日本，向印度和東南亞當地平台企業進攻投資。當然，目前LINE在日本、泰國仍然處於強勢，但這些國家在亞洲高齡化嚴重，數位經濟活力下降，這一點也令人遺憾。

反之，以色列人口只有八百萬人左右，面積僅為韓半島的十分之一，但被稱為「矽溪」（Silicon Wadi）的以色列首都特拉維夫，與美國矽谷、中國深圳一起獲選為世界三大創業中心。Google的創始人佩吉和布林、微軟的蓋茲、Facebook的雪莉．桑德伯格（Sheryl Sandberg）和馬克．祖克柏（Mark Zuckerberg）等大型科技企業的創始人都是猶太人，所以矽谷與矽溪的關聯性呈持續提高的趨勢。現在，以保守投資者聞名的巴菲特也訪問以色列，尋找投資標的企業。

為了在狹窄的國土上生存，以色列青年們競爭激烈，男女都要服兵役，雖然生活辛苦不輸韓國青年，但也有很多不同之處。在韓國，穩定的公務員和大企業人氣很高，青年們一邊聽網路講座，一邊準備就業，但在以色列，許多青年展開世界地圖，準備創業。因為以色列創業者們從一開始就在海外制定事業計畫，如果只依靠內需，很快就會遇到瓶頸。即使一開始創業將總公司設在首都特拉維夫，也理所當然地認為要將事業擴張到全世界。

韓國資訊科技企業大多都把國內市場放在首位，新創企業也依賴政府支援。就連國內最優秀的搜尋引擎NAVER，也以國內市場為中心開發服務，因此，與韓國的卓越技術能力和高經濟地位相比，韓國平台企業的國際競爭力較低。從矽谷起步的全球平台企業，原本就以強烈攻勢擴張領土，所以國內企業很難在全球市場上找到狹縫。

最近，Naver奮發圖強，開拓全球網路漫畫市場，通過Snow、Zepeto在海外提高知名度，但全球連接性低的韓國資訊科技生態系統，卻像加拉帕戈斯群島（Islas Galápagos）一樣被孤立。如果具備技術能力、努力、熱情的韓國青年們展開世界地圖，發揮地理想像力，不知是否會形成超越矽谷、矽溪的「矽韓半島」，身為地理學家，著實感到可惜。

地球上再也沒有「偏遠地區」

最近矽谷人常說：「如果想提前看到二〇三〇年的世界，你絕對必須去非洲看看。」在非洲，因跳蛙現象而備受矚目的國家是「矽草原」（Silicon Savannah）發達的肯亞。

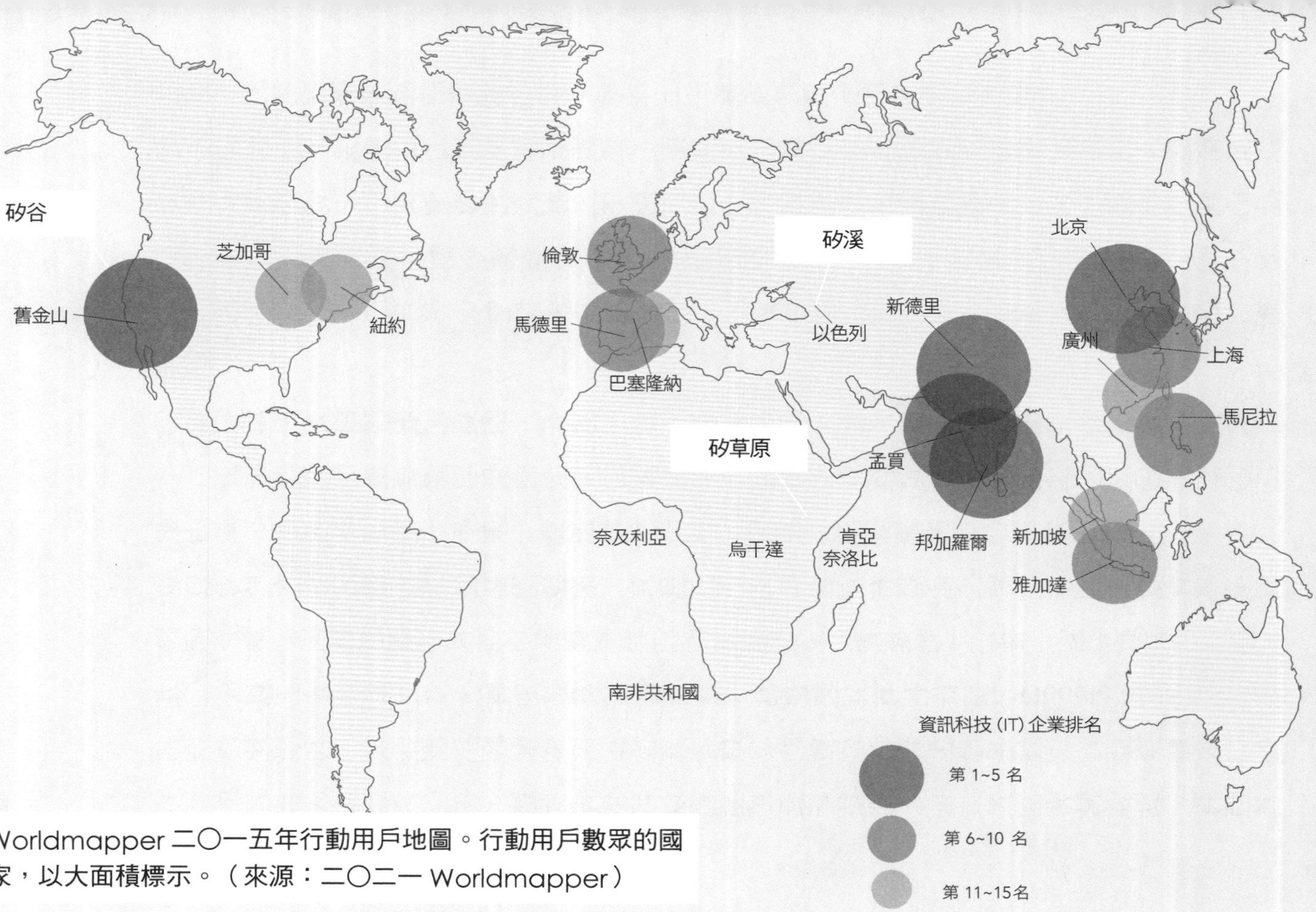

Worldmapper 二〇一五年行動用戶地圖。行動用戶數眾的國家，以大面積標示。（來源：二〇二一 Worldmapper）

肯亞的青年人口達六〇%，這些青年可以輕易接受新技術，創業熱潮非常強勁。肯亞首都奈洛比順利形成非洲年輕創業家和投資者聚集的數位革新生態系統。肯亞全體人口的九〇%以上會讀寫文章，特別是英語通用這一點也起到有利作用。Google和ＩＢＭ等跨國企業，同時也選擇肯亞作為進軍非洲的灘頭堡。一直推動「一帶一路」政策的中國，也致力於在非洲擴大數位基礎設施。阿里巴巴的馬雲宣布退休後將在非洲為教育事業貢獻力量，中國外長數十年來一直把每年一月一日在非洲國家度過作為傳統。

最近非洲的重要課題是向激增的青少年層提供優質教育。預計到二〇二〇至二〇三〇年，非洲人口將增加到四．五億左右，也就是說，全世界人口增加量的三分之一來自非洲。

二〇二〇年二月，太空探索技術公司（Space X）向地球上空發射了三百顆通信衛星。伊隆．馬斯克計劃今後發射一萬二千顆衛星。亞馬遜不甘落後，於二〇二〇年七月宣布將投資十二萬億韓元發射三千兩百三十六顆衛星。人造衛星將以比現在更快的速度，向網路無法觸及的地區傳送數據，而且更加精細地追蹤用戶位置。如果人造衛星以1Tbps的速度緊密連結整個地球，地球上「偏遠地區」的概念就會消失。

結語

為何吉姆・羅傑斯送女兒們地球儀當禮物？

投資奇才吉姆・羅傑斯出生於美國中部的阿拉巴馬州。美國是由五十多個州組成的聯邦國家，每個州的法律、政治、教育體制形形色色。到目前為止，甚至有網路訊號不佳的地方，地域差距也很大。羅傑斯出生在美國的偏僻鄉村，那裡無人看報紙，所以他也沒辦法送報打工，小時候靠賣花生學經濟。從美國一流大學畢業後，他在華爾街工作，但一直夢想去世界旅行。他與索羅斯（George Soro）一起建立高收益基金後，三十多歲就提前退休，這位FIRE（譯註26）族的鼻祖果斷地騎摩托車環遊世界，接近世界地圖。

吉姆・羅傑斯準備了用世界五種主要語言標記地名的五個地球儀和五個小豬存錢

譯註26：FIRE是「Financial Independence Retire Early」的縮寫，意指財務獨立、提早退休。

筒，送給他年逾花甲才喜獲的寶貴千金們當禮物。意思是讓他們可以用世界各國的硬幣在小豬存錢筒裡存錢，看著地球儀學習世界地理。不僅要擺脫金融文盲，還要擺脫地理文盲，才能成為自己人生的主人公。也許擺脫關乎生存的地理文盲，應該先於擺脫金融文盲。

在二十一世紀，世界地理教育中心依然是英國。吉姆·羅傑斯也在英國牛津大學留學，培養看世界的眼光。現在他也將曾為英國殖民地的新加坡當作第二故鄉，與家人一起在此生活。

在新加坡國立大學、倫敦進行研究的過程中，我切身感受到地理的力量，從二〇〇〇年代初開始在國際上活動。藉由世界地理學聯盟（International Geographical Union,IGU）介紹我夢想的地理教育，之後陸續收到世界各國專題演講的邀請，還獲得英國皇家地理學會邀請的殊榮。二〇〇八年左右，獲京仁教育大學聘用的我，懷著喜悅心情回到國內，由於在就業困難的時代，許多學生去當小學教師，而我認為，教育大學比任何地方都適合改變韓國教育。

然而，真正回到韓國後，由於無法好好教授地理，感覺身為教育者的翅膀被折斷了。

尤其，教育部對國立大學的一切都嚴格限制，對於需要自由出入各種現場進行研究的地理學家來說，實在是非常困難的環境。「思想與表達的自由」，特別是對於地理學家來說如生命般的「移動自由」，在新冠肺炎疫情之前就已經受到壓制，各種文件與程序都很複雜，甚至連去海外學會發表論文都得寫「保安誓約書」。我想與認為搭飛機五、六個小時如同國內自由移動的美國學者、與乘坐高鐵從倫敦越過國境到布魯塞爾上下班的歐洲學者並肩成長，但韓國不合時宜的規定經常拖住我的步伐。希望新冠肺炎疫情結束以後，能夠放寬不必要的限制，讓我能夠在東南亞如同國內般任意活動。

如果想要從監獄般的學校救出受困的孩子？

憂鬱的人們與日俱增，甚至出現了「新冠憂鬱」（Corona Blue）的新造詞，這讓人明白空間對我們的身心的影響有多大。在歐洲，空間與環境對人的身心靈影響，相關研究的歷史達數百年，特別是十九世紀英國醫生甚至向不治之症的患者開予旅行處方。實證主義較強的美國學界，最近也迅速發展腦科學、神經建築學領域，出現了很多證明空間力量的研究和書籍，諸如「空間拯救心靈」、「空間改變孩子」、「自然拯救心靈」等。

弘益大學建築學系教授柳鉉浚表示：「韓國學校的建築結構就像監獄一樣。甚至學校的每坪建築費比監獄低。所以孩子們容易變得粗暴，韓國的學校難以培養出創意性人才。」他對韓國教育現實的批判，得到許多共鳴與支持。如果教育中的空間的確有絕對的影響力，我認為應該馬上從監獄般的學校救出孩子們。大學或研究所，不管年紀多大都可以去，但是小學、國中、高中畢業後，就沒有人再去上。每個人都只有一次的青少年和學生時期。要等上數十年才能使用漂亮的學校建築物，難道這不是大人們瀆職嗎？即使身體困在監獄般的教室裡，還是希望學生們能夠看著地圖，自由想像和探索自己喜歡的空間。

此外，這一代的不幸孩子，不僅無法參與體驗活動或見習旅行，連學校都無法正常上學，情緒與教育方面都匱乏不足，所以從現在開始，應該也要思考與準備如何彌補新冠病毒造成的不足。縱非如此，將沉迷於電腦遊戲、智慧型手機、虛擬世界的孩子們關在教室裡，以枯燥乏味的方式進行電腦編程教育，或者以國英數為中心進行填鴨式教育，都是逆時代潮流的教育方式。筆者盼望的是讓學生發揮「重新詮釋教育空間的地理想像力」，在校外的美麗空間和自然中充實多樣體驗，以愉快學習的方式實現教育革新。尤其，處在學校設施和生活環境惡劣之地的學生、生長在經濟非富裕家庭中的孩子們，有必要優先為他們提供體驗各種場所的機會。希望教育部和各地區教育廳不是光用嘴說「創意·革新教育」，而是務必要看著地圖，計劃且實施大膽的教育轉變。

頂尖企業亞馬遜企求的人才條件

最近倒閉的企業很多，青年失業也是嚴重的問題。然而，在國家教育過程中，不是增加經濟單元、多學習經濟理論，就會經濟運作良好、國民致富。「如果是新創公司的CEO，不想選拔在高考中得到滿分的學生為職員。」因為考試只集中於背誦教科書、解答入學考試試題集，最重要的是放棄自己的想法，看出題者的臉色才能獲得高分。反而本書中出現的很多企業家甚至提到企管碩士無用論，對被困在大學校園的人才表示強烈的不滿。若是我選拔新職員，我會問他：「感到最幸福、最有意義的時候，是在哪裡做什麼事情？曾經如何克服人生的失敗與危機？」體驗過各式各樣場合，曾與眾人溝通過的人，更擅於解決問題，帶動現場的能力也很好。實際上，代表美國的頂尖企業亞馬遜在聘用人才時，比起求職者的學經歷，更注重確認他們「如何解決人生的各種問題與困難」。[16]

首爾大學環境研究所全相仁教授感嘆道：「習慣於國家控制的韓國教授們被關在養雞場，像只產蛋的雞一樣淪為論文機器。」[17]連志在成為全球領導者的首爾大學，也照抄教授之言，學生背誦強記的「接受性學習」能力愈強，愈能取得好成績。[18]看來教育革新迫在眉睫。比起辛苦現場調查收集新資訊、獲取靈感，愈來愈多的「安樂椅學者」更偏好模仿西方學者理論，分析統計數據和二手資料，輕鬆增加論文篇數。由安於現狀的「井底之蛙」來主導國家，而非展開地圖、開拓新世界的人，國家當然會衰退。這也是數千年世界史可證的教訓。

「新年看黃曆的人，已經落伍過時」

韓國知識分子之中，地圖力卓越的人當然首推李御寧教授。據說，原本在梨花女子大學教學的李御寧教授，成為文化部長之後，首先徵求首爾市的詳細意見。他看著大比例尺的地圖，尋找廢棄的小空間，將其打造成「樓間公園」，打造出文化繁茂的空間，他還積極開展「造訪圖書館、美術館」運動。此外，利用小型巴士，讓人可以前往全國各地有文化藝術體驗需求的地方，仔細顧及被冷落的地區。每當經過高速公路時，「路肩（諧音「老犬」）道路」一詞似乎很刺眼。遂將之替換為有人建議的「緊急停車道」一詞，此舉甚至被認為是他擔任文化部長時期的最佳政績。似乎他對日常生活的所有空間都有敏銳的觀察力。

李御寧先生在四十多歲時曾著有《日本人的「縮小」意識》（「縮み」志向の日本人），這是一部獲得日本人認可，對日本文化和其精神世界有尖銳剖析的力作：「綜觀日本的歷史，以『縮小』為志向的時候都很繁榮，一旦成功或過了頭，就會像豐臣秀吉一樣憧憬巨大主義，改以『擴大』為志向。此時的日本人與過去宛若天差地別，原本的細膩遭到破壞且判斷力盡失，美的感受性一下子變得殘虐。」他的地理解說一針見血。在新冠病毒擴散至韓國國內之前的二〇二〇年一月初，他說：「新年看黃曆的人，已經落伍過時。開展地圖的人，將引領未來一百年。」而且預見「地圖力的時代」，他走在時代前端的泰斗級洞察力，真是非常厲害。結束他八十年知識之旅的《韓國人故事：你來自哪裡？》系列，開場白引用英國第一位女性地理學家伊莎貝拉・博兒・畢夏普撰寫的《韓國及其鄰國》：[19]

「我在韓國的時候，曾懷疑韓國人是不是世界上最差的民族，認為他們的情況是沒有希望的。但是，撇開政府的干涉，移居到俄羅斯普里莫爾斯基自治區的韓國人卻不同。他們過著乾淨、充滿活力、始終如一的富裕生活。懷疑、懶惰、無謂的自豪感、奴隸根性，不知不覺間變成了主動與獨立。如果生活在祖國的韓國人受到正直政府保護生計，相信也能發展成為真正的市民。」[20]

李御寧先生透過在《新聞週刊》投稿〈如果一百年後畢夏再來〉一文繼續闡述他的想法。「依靠權力的限制造成腐敗，腐敗造成更強有力的限制與權力。韓國的圍棋和半導體成為世界第一的祕密很簡單。因為政府不知道圍棋和半導體是什麼，所以沒有干涉或限制。如果所有的棋院都由教育部監督，棋手志願生通過入學考試製度選拔，由政府發放，並且政府限制國內外圍棋比賽，那麼韓國的圍棋肯定會在亞洲的谷底徘徊。」

李御寧先生以「深海探險的海女」忍住最後一口氣進入深海採鮑魚、繪製「寶物地圖」的心情繼續撰寫《韓國人的故事》，他說「雖然之前韓國享受了豐饒的漲潮期，但很快就會退潮，灘塗就會浮出水面。」[21]本來灘塗是腳深陷進去就很難行走的空間，但如果事先培養好「成為我夢想之翼的地圖力」，就不必擔心。

夢想著「東學地圖運動」

二〇二〇年初突然擴散至全世界的新冠病毒，讓我們所有人都困在像繭中一樣的鬱悶空間。但在全世界與傳染病展開激戰、國際局勢劇變的現在，或許是培養地圖力的大好機會？就像十七世紀荷蘭國民發動獨立戰爭，挨家挨戶把地圖貼在牆上，後來往世界各地發展一樣。而且，在新冠疫情不知何時結束的情況下，在制定計畫時，地圖可能比日曆或日記更有用。何不相信總有一天能展翅自由遊覽世界，把含有正確資訊的地圖貼在牆上，或著把地球儀放在桌子上，然後不時查看呢？所有傳染病專家都警告說：「比新冠肺炎致死率更高的傳染病，隨時都有可能再次猖獗。」所以最好的未來投資不只是股票或比特幣，還有「地圖力」。

清朝美術教科書《芥子園畫譜》中有言：「惟胸貯五嶽，目無全牛，讀萬卷書，行萬里路，馳突董、巨之藩籬，直躋顧、鄭之堂奧。」或許改變世界的最優秀人才，總是懷著「夢想的地圖」勇敢走向未知世界。筆者曾經是暈車嚴重，害怕去遠方的小女孩，培養出地圖力之後，人生的方向變得有所不同。在韓國社會的各個領域，當第一隻企鵝是很困難的事，也很容易遭到冤枉，但筆者始終沒有放棄，繼續挑戰。[22] 每回遇到瓶頸的時候，就看著世界地圖，繼續尋找新的道路，在海外也取得許多成果。不過，在學生時期，筆者只是一個看到地圖就頭疼的平凡韓國模範生。

一九四五年太平洋戰爭（第二次世界大戰）結束後，韓國與日本引進不符脈絡的美國式社會科教育，導致經濟、地理教育被削弱。最近的研究結果顯示，日本仍然有很多金融文盲，唯獨在韓國，國民的金融理解力水平突然提高。二〇一四年活躍在美國華爾街的約翰．李代表，回國後啟動「擺脫金融文盲」計畫，無論投資成功與否，過去七十年內韓國的教師、教育大學、師範大學教授、教育部官員都未能實現的教育成果，竟然奇蹟般地出現。東學螞蟻們購買國內股票，「股票新手」暴增，不就是東學螞蟻領袖「約翰瑋準」換乘客運全國跑透透的蝴蝶效應嗎？

但令人羞愧的是，韓國的地理教育仍然不健全。最近，在日本公共教育現場，地理教育再次呈現強化趨勢，但韓國在第七次國家教育課程中「地理」消失，情況持續惡化。二〇一四年因世越號慘案大受衝擊，筆者減少了海外活動，在韓國多家報紙上撰文，上了國內幾乎每一家電視台，強調地理的重要性，但還是沒什麼變化。連筆者現在任教的大學，也沒能好好教授地理，所以感覺很鬱悶，但筆者認為，在各位展開地圖的瞬間，「東學地圖運動」就會開始。因為一張正確的地圖，有可能成為改變自身命運、改變韓國社會的強颱。希望讀過這本書的各位，都能懷著「夢想的地圖」走向廣闊的世界，成為幸福成功的主人公。

註釋

Part 1 權力的地圖
地理人的勝利

01 이정재 , '[이정재의시시각각] 왜지금지도전쟁인가 ', 〈중앙일보〉, 2016 년 8 월 4 일

02 양상훈 , '세계사교육은아예없어지고있다 ', 〈조선일보〉, 2015 년 10 월 22 일 . 유용태 , '자기민족사관으로는역사교육할수없다 ', 〈주간경향〉, 2017 년 1 월 10 일 .

03 김이재 , '지도자의지리적상상력이국가의운명을결정한다 ', 〈주간조선〉, 2017 년 4 월 10 일 .

04 아놀드조셉토인비지음 , 홍사중옮김 , 《역사의연구》, 동서문화사 , 2016. 湯恩比（Arnold Joseph Toynbee）著，陳曉林譯，《歷史研究》（*A Study of History*），遠流，1993。

05 페르낭브로델지음 , 주경철 , 조준희옮김 , 《펠리페 2 세시대의지중해와지중해세계》, 까치 , 2017. 費爾南・布勞岱爾（Fernand Braudel）著，曾培耿、唐家龍譯，《地中海史》（*The Mediterranean and the Mediterranean World in the Age of Philip II*），臺灣商務，2002。

06 윌리엄더건지음 , 남경태옮김 , 《나폴레옹의직관》, 예지 , 2006, 106 쪽 . 威廉・杜根（William Duggan）著，《拿破崙的洞察：策略的祕訣》（*Napoleon's Glance: The Secret of Strategy*），Bold Type Books，2004。

07 위의책（前揭書）, 118~119　.

08 아서제이클링호퍼지음 , 이용주옮김 , 《지도와권력》, 알마 , 2007, 170 쪽 . 亞瑟・杰・克林霍夫（Arthur Jay Klinghoffer）著，《投影的權力：地圖如何反映全球政治與歷史》（*The Power of Projections: How Maps Reflect Global Politics and History*），Praeger，2006。

09 김이재 , '멸종위기에처한해외지역연구자 ', 〈경향신문〉, 2016 년 10 월 12 일 .

10 인발아리엘리지음 , 김한슬기옮김 ,《후츠파》, 안드로메디안 , 2020. 英貝兒．艾瑞黎（InbalArieli）著，陳佳瑜、楊詠翔、紀揚今、高霈芬譯，《虎之霸：從日常習得不確定與創新的力量和技能》（*Chutzpah: Why Israel Is a Hub of Innovation and Entrepreneurship*），遠流，2020。

11 자크아탈리지음 , 김수진옮김 ,《언제나당신이옳다》, 와이즈베리 , 2016. 賈克．阿塔利（Jacques Attali）著，《成為自己》（*DevenirSoi*），Pluriel，2015。

12 김연하 , '[창간기획] 자크아탈리 " 노동환경변화로 ' 빈곤층노마드 ' 양산 … 질높은교육이해법 "', < 서울경제 >, 2019 년 7 월 31 일 .

Part 2 財富的地圖

他們搶先占領了錢流的路口

01 짐로저스지음 , 전경아옮김 ,《위기의시대 , 돈의미래》, 리더스북 , 2020. 吉姆．羅傑斯（Jim Rogers），鄭曉蘭、張嘉芬譯，《危機時代：傳奇投資家吉姆．羅傑斯談未來經濟與理財》（危機の時代：伝説の投資家が語る経済とマネーの未来），遠流，2020。

02 자크아탈리지음 , 김수진옮김 ,《언제나당신이옳다》, 와이즈베리 , 2016. 賈克．阿塔利（Jacques Attali）著，《成為自己》（*DevenirSoi*），Pluriel，2015。

03 레이크록지음 , 이영래옮김 ,《로켓 CEO》, 오씨이오 , 2016, 324 쪽 . 雷．克洛克（Ray Kroc）、羅伯特．安德森（Robert Anderson），林步昇譯，《永不放棄：我如何打造麥當勞王國》（*Grinding It Out: The Making of McDonald's*），經濟新潮社，2021。

04 위의책（前揭書）, 144 쪽 .

05 위의책（前揭書）, 324 쪽 .

06 위의책（前揭書）, 288 쪽 .

07 월튼지음 , 김남주옮김 ,《샘월튼》, 우리시대사 , 1992, 29 쪽 . 山姆・沃爾頓（Sam Walton），李振昌、吳鄭重譯，《富甲天下：Wal-Mart 創始人山姆・沃爾頓自傳》（*Sam Walton: Made In America*），足智文化，2018。

08 버트슬레이터지음 , 남문희옮김 ,《월마트슈퍼마켓하나로세계유통을지배하기까지》, 해냄 , 2003, 37 쪽 . 勞勃・史雷特（Robert Slater），黃秀媛譯，《沃爾瑪王朝：全球第一大企業成長傳奇》（*The Wal-Mart Decade : How a New Generation of Leaders Turned Sam Walton's Legacy Into the World's #1 Company*），天下文化，2004。

09 위의책（前揭書）, 44 쪽 .

10 위의책（前揭書）, 74 쪽 .

11 위의책（前揭書）, 214~215 쪽 .

12 피터린치 , 존로스차일드지음 , 이건옮김 ,《전설로떠나는월가의영웅》, 국일증권경제연구소 , 2017, 103 쪽 . 彼得・林區（Peter Lynch），陳重亨譯，《彼得林區選股戰略》（*One Up On Wall Street: How To Use What You Already Know To Make Money In The Market*），財信出版，2018。

13 위의책（前揭書）, 96 쪽 .

14 신수정 , '스타트업육성눈뜬印尼 - 말레이 … 벤처투자격전지부상 ', < 동아일보 >,2017 년 10 월 26 일 .

15 정주영지음 ,《시련은있어도실패는없다》, 제삼기획 , 2001.

16 한국경제신문특별취재팀지음 ,《김우중비사》, 한국경제신문 , 2005, 245 쪽 .

17 조동성외 8 명지음 ,《김우중》, 이지북 , 2005, 88~90 쪽 .

Part 3 未來的地圖
以舉世未見的多層地圖來展現的地球

01 이재, '[김이재의이코노믹스] 잘나가던한인기업 '포에버 21' 도한방에훅갔다 ',〈중앙일보〉, 2020 년 3 월 10 일 .

02 엔리코모레티지음, 송철복옮김,《직업의지리학》, 김영사, 2014, 270~272 쪽 . 恩里科· 莫雷蒂（Enrico Moretti）著，王約譯，《新創區位經濟：城市的產業規劃決定工作的新未來》（*The New Geography of Jobs*），馬可孛羅，2020。

03 위의책（前揭書）, 383 쪽 .

04 빌킬데이지음, 김현정옮김,《구글맵혁명》, 김영사, 2020. 比爾・基爾迪（Bill Kilday）著，夏瑞婷譯，《Google 地圖革命：從 Google 地圖、地球、街景到「精靈寶可夢 GO」的科技傳奇內幕》（*Never Lost Again: The Google Mapping Revolution that Sparked New Industries and Augmented Our Reality*），日出出版，2020。

05 데이비드 A. 바이스, 마크맬시드지음, 우병현옮김,《구글스토리》, 인플루엔셜 ,2019, 76 쪽 . 大衛・懷司（David A. Vise）、馬克・摩西德（Mark Malseed），蕭美惠、林秀津譯，《翻動世界的 Google》（*The Google Story*），時報出版，2006。

06 하름데블레이지음, 유나영옮김,《왜지금지리학인가 : 수퍼바이러스의확산, 거대유럽의위기, IS 의출현까지혼돈의세계정세를꿰뚫는공간적사유의힘》, 사회평론, 2015. 哈姆・德・布里杰（Harm de Blij），蕭美惠、林秀津譯，《地理學為何重要》（*Why Geography Matters: More Than Ever*），Oxford University Press，2012。

07 킬데이지음, 김현정옮김,《구글맵혁명》, 김영사, 2020. 比爾・基爾迪（Bill Kilday）著，夏瑞婷譯，《Google 地圖革命：從 Google 地圖、地球、街景到「精靈寶可夢 GO」的科技傳奇內幕》（*Never Lost Again: The Google Mapping Revolution that Sparked New Industries and Augmented Our Reality*），日出出版，2020。

08 팀크레스웰지음 , 박경환외옮김 ,《지리사상사》, 시그마프레스 , 2015, 109~141 쪽 . 提姆・克雷斯維爾（Tim Cresswell），《地理學思維：批判性導論》（*Geographic Thought: A Critical Introduction*），Wiley-Blackwell，2012。

09 치바나다카시지음 , 이정환옮김 ,《도쿄대생은바보가되었는가》, 청어람미디어 , 2002. 立花隆著，《東大生變成傻瓜嗎？－知的亡國論＋現代教養論》（東大生はバカになったか—知的亡国論 + 現代教養論），文春文庫，2001。

10 래드글로서먼지음 , 김성훈옮김 ,《마지막정점을찍은일본 , 피크재팬》, 김영사 , 2020, 325~326 쪽 . 顧石盟（Brad Glosserman），《巔峰日本：雄心壯志的終結》（*Peak Japan: The End of Great Ambitions*），Georgetown University Press，2019。

11 'We are social and Hootsuite' 2020 年 4 月統計。

12 'eMarketer' 2019 年 9 月統計。

13 'We are social and Hootsuite' 2020 年 4 月統計。

14 이드리언 J. 슬라이워츠키 , 칼웨버지음 , 유정식옮김 ,《디맨드》, 다산북스 , 2012. 史萊渥斯基（Adrian J. Slywotzky）、卡爾・韋伯（Karl Weber）著，楊安琪譯，《引爆需求：讓顧客無可救藥愛上你的 6 個祕密》（*Demand: Creating What People Love Before They Know They Want It*），天下雜誌，2012。

15 신수정 , '대한민국밖에서희망을찾는사람들 ', 〈동아일보〉 2021 년 1 월 12 일 .

16 린브라이어 , 빌카지음 , 유정식옮김 ,《순서파괴 : 지구상가장스마트한기업아마존의유일한성공원칙》, 다산북스 , 2021. 柯林・布萊爾（Colin Bryar）、比爾・卡爾（Bill Carr）著，陳琇玲、廖月娟譯，《亞馬遜逆向工作法：揭密全球最大電商的經營思維》（*Working Backwards: Insights, Stories, and Secrets from Inside Amazon*），天下文化，2021。

17 전상인 , '양계장대학과 586 민주독재 ', 〈조선일보〉 2020 년 12 월 7 일 .

18 이혜정지음 ,《서울대에서는누가 A+ 를받는가》, 다산에듀 , 2014.

19 어령지음 ,《너어디에서왔니 : 한국인이야기》, 파람북 , 2020.

20 이사벨라 L. 버드비숍지음 , 신복룡옮김 ,《조선과그이웃나라들》, 집문당 , 2000. 伊莎貝拉・博兒・畢夏普（Isabella Bird Bishop），《韓國及其鄰國》（Korea and her Neighbors），Fleming H. Revell，1898。

21 김민희 , 이어령지음 ,《80 년생각 : '창조적생각 ' 의탄생을묻는 100 시간의인터뷰》, 위즈덤하우스 , 2021.

22 김이재 , '퍼스트펭귄의생존비밀 ',〈경향신문〉2016 년 1 월 16 일 .

國家圖書館出版品預行編目資料

地圖力：掌握權力和財富的祕密/金伊財著；賴姵瑜譯. -- 初版. -- 臺北市：商周出版：英屬蓋曼群島商家庭傳媒股份有限公司城邦分公司發行, 2022.08
面； 公分. -- (新商叢；BW0805)
譯自：부와 권력의 비밀, 지도력
ISBN 978-626-318-353-7(平裝)

1.CST: 經濟地理

552 111009950

新商業周刊叢書 BW0805X

地圖力：

掌握權力和財富的祕密

原文書名／부와 권력의 비밀, 지도력
作者／金伊財
譯者／賴姵瑜
責任編輯／劉羽苓
版權／吳亭儀、林易萱、顏慧儀
行銷業務／周佑潔、林秀津、黃崇華、賴正祐、郭盈均

總編輯／陳美靜
總經理／彭之琬
事業群總經理／黃淑貞
發行人／何飛鵬
法律顧問／台英國際商務法律事務所 羅明通律師
出版／商周出版 臺北市 104 民生東路二段 141 號 9 樓
電話：(02) 2500-7008 傳真：(02) 2500-7759
E-mail: bwp.service@cite.com.tw
發行／英屬蓋曼群島商家庭傳媒股份有限公司
城邦分公司 臺北市 104 民生東路二段 141 號 2 樓
讀者服務專線：0800-020-299 24 小時傳真服務：(02) 2517-0999
讀者服務信箱 E-mail: cs@cite.com.tw
劃撥帳號：19833503 戶名：英屬蓋曼群島商家庭傳媒股份有限公司城邦分公司
訂購服務／書虫股份有限公司客服專線：(02) 2500-7718；2500-7719
服務時間：週一至週五上午 09:30-12:00；下午 13:30-17:00
24 小時傳真專線：(02) 2500-1990；2500-1991
劃撥帳號：19863813 戶名：書虫股份有限公司
E-mail: service@readingclub.com.tw
香港發行所／城邦（香港）出版集團有限公司 香港灣仔駱克道 193 號東超商業中心 1 樓
E-mail: hkcite@biznetvigator.com
電話：(852) 2508-6231 傳真：(852) 2578-9337
馬新發行所／城邦（馬新）出版集團
Cite (M) Sdn. Bhd.
41, Jalan Radin Anum, Bandar Baru Sri Petaling, 57000 Kuala Lumpur, Malaysia.
電話：(603) 9057-8822 傳真：(603) 9057-6622 E-mail: cite@cite.com.my
封面設計／萬勝安
美術編輯／李京蓉
製版印刷／鴻霖印刷傳媒股份有限公司
經銷商／聯合發行股份有限公司
新北市 231 新店區寶橋路 235 巷 6 弄 6 號 2 樓
電話：(02) 2917-8022 傳真：(02) 2911-0053

■2022 年 8 月 30 日二版 1 刷
Printed in Taiwan
부와 권력의 비밀, 지도력

定價 480 元
EAN:4717702118600（紙本）
ISBN:9786263183551（EPUB）

城邦讀書花園
www.cite.com.tw

廣 告 回 函
北區郵政管理登記證
台北廣字第 000791 號
郵資已付，免貼郵票

104 台北市民生東路二段 141 號 9 樓
英屬蓋曼群島商家庭傳媒股份有限公司
城邦分公司

請沿虛線對摺，謝謝！

書號：BW0805X 書名：地圖力
掌握權力和財富的祕密
編碼：

請於此處用膠水黏貼

商周出版

讀者回函卡

線上版讀者回函卡

感謝您購買我們出版的書籍！請費心填寫此回函卡，我們將不定期寄上城邦集團最新的出版訊息。

姓名：＿＿＿＿＿＿＿＿＿＿＿＿＿＿ 性別：□男 □女

生日：西元＿＿＿＿＿＿年＿＿＿＿＿＿月＿＿＿＿＿＿日

地址：＿＿＿＿＿＿＿＿＿＿＿＿＿＿＿＿＿＿＿＿

聯絡電話：＿＿＿＿＿＿＿＿＿＿ 傳真：＿＿＿＿＿＿＿＿

E-mail ：

學歷：□ 1. 小學 □ 2. 國中 □ 3. 高中 □ 4. 大學 □ 5. 研究所以上

職業：□ 1. 學生 □ 2. 軍公教 □ 3. 服務 □ 4. 金融 □ 5. 製造 □ 6. 資訊
□ 7. 傳播 □ 8. 自由業 □ 9. 農漁牧 □ 10. 家管 □ 11. 退休
□ 12. 其他＿＿＿＿＿＿＿＿＿＿＿＿＿＿＿＿

您從何種方式得知本書消息？

□ 1. 書店 □ 2. 網路 □ 3. 報紙 □ 4. 雜誌 □ 5. 廣播 □ 6. 電視
□ 7. 親友推薦 □ 8. 其他＿＿＿＿＿＿＿＿＿＿＿＿

您通常以何種方式購書？

□ 1. 書店 □ 2. 網路 □ 3. 傳真訂購 □ 4. 郵局劃撥 □ 5. 其他＿＿＿＿

您喜歡閱讀那些類別的書籍？

□ 1. 財經商業 □ 2. 自然科學 □ 3. 歷史 □ 4. 法律 □ 5. 文學
□ 6. 休閒旅遊 □ 7. 小說 □ 8. 人物傳記 □ 9. 生活、勵志 □ 10. 其他

對我們的建議：＿＿＿＿＿＿＿＿＿＿＿＿＿＿＿＿＿＿＿＿

＿＿＿＿＿＿＿＿＿＿＿＿＿＿＿＿＿＿＿＿

＿＿＿＿＿＿＿＿＿＿＿＿＿＿＿＿＿＿＿＿

請於此處用膠水黏貼